**작은 생물에게서
인생을 배운다**

자
연
이

알
려
준

나
를

사
랑
하
는

법

작은 생물에게서
인생을 배운다

래니 샤 지음 | **김현수 옮김** | **최재천 감수**

🐛 드림셀러

감수의 말

최 재 천
(이화여자대학교 에코과학부 석좌교수, 생명다양성재단 이사장)

"연인, 가족, 심지어 고용주라 할지라도 긍정적인 관계라면 보살핌을 받고, 그 안에서 안전하다고 느껴야 합니다." 그런데 "누군가 혹은 무언가로부터 조종당하는 느낌을 받거나 지친다고 느낀다면 아마도 그들은 소중한 당신의 일부를 잡아먹고 있는 거예요." 왠지 어느 부잣집을 속속들이 털어먹는 엉큼한 가족의 이야기를 그린 봉준호 감독의 영화 〈기생충〉이 떠오르지 않는가? 이 책은 자연의 신비로움을 일깨우며 자꾸 우리 삶을 되돌아보게 한다.

기생은 지구 생명의 역사에서 가장 뒤늦게 개발된 삶의 방식이다. 그래서 지금 이 순간에도 기생충들은 새로운 숙주를 공략할 새로운 묘수를 열심히 갈고 닦는다. 톡소포자충은 세계 인구의 삼분의 일을 감염시켰다. 엄마 뱃속에 있는 태아에게는 치명적일 수 있지만 웬만한 사람들에게는 그리 유해하지 않아서 쉽게 퍼진다. 그러나 쥐라면 다르다. 이 기생충은 감염시킨 쥐를 엉뚱하게도 고양이 소변 냄새를 좋아하게 만든다. 모양선충에 감염된 귀뚜라미는 자꾸 물로 뛰어든다. 많은 기생충들이 숙주의 머리 속까지 파고들어 그들의 행동을 조정한다.

이 책이 여러분으로 하여금 자연에 대해 더 많이 알고 싶어하게 만들었다면 우선 거미부터 살펴보라 권하고 싶다. 팽팽하게 붙들고 있던 거미줄을 풀어주기만 하면 거미줄에 붙은 먹이를 단번에 손쉽게 돌돌 말 수 있는 방법을 개발한 삼각형거미와 끈끈한 거미줄을 뭉쳐 끈적이 곤봉을 만들어 휘두르며 먹이를 잡아먹는 볼라스거미만 신기한 게 아니다. 거미 세계에는 기막힌 제주꾼들이 많다. 여덟 개의 다리 중 네 개로 거미줄의 끝을 잡은 채 오므리고 돌아다니다가 먹이를 발견하면 순식간에 거미줄을 그물처럼 펼쳐 잡아먹는 거미도 있다.

학구적으로 한 발 더 나아갈 수도 있다. 오스트레일리아에 사는 유대류 웜뱃은 신기하게도 정육면체의 똥을 눈다. 그 이유는 아직 확실하게 밝혀지지 않았다. 가장 유력한 가설은 각진 똥이 둥근 똥보다 덜 구르기 때문에 영역 표시에 유리하다는 것이다. 하지만 이는 그리 만족스러운 가설이 아니다. 그렇다면 똥을 영역 표시용으로 이용하는 다른 동물들은 왜 각진 똥을 누지 않는지 설명할 수 없다.

자 이제 여러분 스스로 더 나은 가설을 만들어 제시할 기회가 왔다. 도전해보시라. 뜻밖에 위대한 과학 발견이 기다리고 있을지도 모른다. 스스로 떠나는 자연 탐사는 더 큰 기쁨을 허락할 것이다.

웰컴 투 더 정글

오늘은 정말 멋진 날이다!

당신이 아침에 일어나 이런 생각을 한 날.

"흠, 액소로틀이 대체 뭔지, 그게 자기 돌봄에 대해 뭘 가르쳐줄 수 있는지 알고 싶어."

만약 당신이 오늘 아침, 일어나자마자 정말로 이런 생각을 했다면, 그렇다. 나는 참 용한 점쟁이다. 하지만 그런 생각을 전혀 한 적 없고, 액소로틀이 대체 무엇인지조차 모른다고 해도 괜찮다. 이제부터 작고 사랑스러운 생명체인 액소로틀과 여러 동식물 친구들이 우리 삶을 얼마나 더 풍요롭게 만들어줄 수 있는지 함께 알아볼 참이니까. 마음 단단히 먹으시라! 앞으로 엄청난 모험이 펼쳐질 예정이다.

하이킹, 사파리 체험, 깊은 바닷속 다이빙, 무심한 듯 달 위를 걷기. 인류는 우리 행성을 탐험하고 그곳에서 살아가는 생명체들과 소통하기 위해 정말 믿기 힘들 정도로 놀라운 방법들을 많이 개발해왔다. 그러나 자연이라는 세계를 탐험하는 것이 꼭 모험가들과 부자들만의 전유물은 아니다. 탐험은 호기심 있는 사람이라면 누구든 할 수 있다. 인류 역사상 호기심으로 유명한 사람을 꼽아보자면, 별을 관측함으로써 첫 번째 일식 시기를 성공적으로 예측한 그리스 철학자 탈레스*, 나의 최애인, 갈라파고스섬 동물들을 연구함으로써 근대 진화론을 발전시킨 찰스 다윈을 들 수 있다. 자연에 대한 호기심은 누구에게도 결코 지지 않지만 명성과는 거리가 먼 나란 사람은 지역 새 떼의 반응을 끌어내려고 새소리를 흉내 냈으나 어린아이들이 식겁해서 도망간 것 말곤 별다른 성과를 얻지 못했다.

우리가 살아가는 지구라는 소박한 행성은 정말 놀라운 곳이다. 45억 년 동안 이 행성은 '생태계'라는 복잡한 공동체들을 창

---

* 탈레스는 자연주의의 조부로 알려져 있다. 자연주의란 이 세상은 오직 자연의(초자연적, 혹은 영적의 반대 개념으로) 법칙과 힘으로만 운영된다는 개념과 신념의 철학 운동이다.

조해왔고 각각의 생태계는 수백만까지는 아니더라도, 적어도 수천 종의 다양한 동식물들로 구성돼 있다. 이 각각의 동물과 식물들은 살아가고, 번창하고, 번식하기 위한 자신들만의 고유한 특징과 습성을 진화시켜왔다. 꽃가루받이 해줄 곤충들을 끌어모으기 위해 화사한 색의 꽃잎을 활용하는 꽃이든, 어둠 속에서도 먹이를 잡기 위해 환상적인 야간 시력을 동원하는 고양이든 동식물들은 자신의 웰빙Well-being을 최우선으로 삼는 특징과 습성을 통해서만 생존과 번영이 가능하다.

이런 사실이 '자기 돌봄Self-Care'과 무슨 관계가 있을까? 자기 돌봄이란 정신적으로나 신체적으로나 더 나은 내가 되고자 노력하는 것으로, 옥스퍼드 영어 사전에서 '자신의 웰빙과 행복을 보호하기 위한 적극적인 행동'이라고 정의한다. 자기 돌봄은 야생 생물들이 태초부터 실천해오고 있는 행위다. 야생 동식물들에게 자기 돌봄은 가장 기본적인 의미에서 포식자들을 피하고 생존을 위한 식량을 성공적으로 확보하는 것에서부터 시작된다. 이 친구들은 '내가 오늘 죽는 건 아닐까?' 혹은 '내가 오늘 굶진 않을까?' 같은 긴급한 문제들에 늘 직면한다. 따라서 야생에서 살아가는 생물들에게 '번영'의 의미란 현대 인간들과는 큰 차이가 있다.

대부분 사람들은 포식자들로부터 도망을 다니기는커녕 직접 사냥을 하지도, 직접 식량을 경작하지도 않는다. 인간들의 웰빙을 방해하거나 가로막는 것은 아무것도 없어 보인다. 그런데도 너무나 많은 사람들이 불안과 스트레스, 불행으로 괴로워하며 산다. 우리를 잡아먹으려고 덤불 속에 잠복해 있는 육체의 포식자들을 두려워할 일은 없을지 몰라도, 우리가 살아가는 환경과 이끌어가는 삶이 스트레스를 유발하는 건 분명하다. 현대 기술을 예로 들어보자. 현대의 기술력이 건강 방면에서 큰 발전을 이루긴 했지만, 컴퓨터나 휴대폰에 매여 사는 현대적 삶의 방식은 건강에 상당히 부정적인 영향을 준다. 많은 사람들이 각자의 화면 뒤에서 사회적으로 고립된 삶을 살아가며 바로 그 자리에서 인류 역사상 그 어느 때보다도 꼼짝없이 앉아서만 생활한다. 어디 그뿐인가. 우리는 장시간 일하고 직장에서는 고도의 스트레스에 직면한다.

어쩌면 우리의 일과 소셜 미디어에 대한 집착이 우리를 죽이고 있는지도 모른다. 흥미로운 일이다. 그렇다면 손쓸 방법은 없을까? 덮어놓고 공황에 빠질 필요는 없다. 과학 기술을 완전히 배척하거나 산속으로 들어가 사는 극단적인 방식을 배제하는 선에서 먼저 현대의 자기 돌봄에 대한 암묵적인 합의가 어떤 것인지 자세히 살펴보기로 하자. 어마어마한 액수의 잭팟을 터

뜨리거나 투자로 수익을 내지 못했다면 열심히 직장에 나가야 하는 것이 현실이다. 그리고 그곳에 가면 어떤 형태로든 스마트폰과 컴퓨터를 사용해야 한다.

현대적 의미의 자기 돌봄이란 균형이다. 균형이 전부라 해도 과언이 아니다. 얼굴에 마스크 팩을 붙이거나 아로마 오일 향을 들이마시는 것 이상으로 중요하다. 넓은 의미에서 자기 돌봄이란 자신의 정신적, 육체적, 정서적 웰빙을 최우선으로 삼는 것이다. 때로 잠자는 시간을 늘리고, 규칙적인 운동을 하고, 특별한 건수가 없어도 잘 차려입고 기분을 내는 것을 의미할 수도 있다. 자기 돌봄이란 궁극적으로 언제나 자기 자신에게 친절해야 함을 확실히 기억하는 것이다.

요즘 갑자기 다시 바람을 타긴 했지만 자기 돌봄은 아주 오래된 개념이다. 이 개념을 몇 세기에 걸쳐 수용한 동양 의학은 질

병만 치료하는 선에서 그치지 않고 정신과 육체에 문제가 생기지 않도록 예방하는 접근법을 취해왔다. 소셜 미디어의 인플루언서들이 유도하는 최신 유행 건강법에서부터 고가의 물건을 쇼핑하며 기분을 전환하는 것에도 '자기 돌봄'이란 이름을 붙인다. 그래서 우리는 남용되고 오용된 이 용어를 너무 많이 듣고 있고, 이는 우리를 혼란스럽게 한다. 돈을 펑펑 써대는 것이나 사회적 관계를 회피하는 것은 자기 돌봄이 아니다. 자기 돌봄이 무엇인지 제대로 이해한다면 '나'를 최우선으로 생각해야 할 때 생기는 망설임을 떨칠 수 있고 내 목표에 시간을 쏟으면서도 죄책감에서 벗어날 수 있다. 자기 돌봄은 이기적인 행위가 아니다. 정신적으로나 신체적으로나 더 나은 내가 되고자 하는 노력이다. 그래야 장기적인 목표를 성취하고, 중요한 인간관계를 보살피고 잠재력을 남김없이 발휘하는 삶을 살 수 있다.

대대손손 여러 세대에 걸쳐 생존하고 번영하기 위해 살아있는 모든 유기체는 한 가지 중요한 특징을 갖추고 있다. 바로 자기 자신을 제대로 돌보는 능력이다. 야생에서의 자기 돌봄은 특히 더 극적이고 흥미진진하다. 예를 들면 아래와 같다.

- 문어 ㅣ 포식자를 피하고 먹이를 잡기 위해 물속에서 위장할 수 있도록 진화했다.
- 거북이 ㅣ 움직임이 느려 포식자가 노리기 쉬운 표적이란 점을 보완하기 위해 딱딱한 껍질을 발달시켰다.
- 치타 ㅣ 사악한 속도의 포식자로 진화했다.

모든 형태와 크기의 생명체들이 자기 돌봄을 성공적으로 챙길 때만 삶이 번영할 수 있다. 현대 인간들이 겪는 삶의 스트레스는 우리의 방어 체계를 종잇장처럼 얇게 느끼게 한다. 이제 기본으로 돌아가 놀라운 야생 동식물들을 돌아본다면, 스트레스와 불안, 잠재적 번아웃과 전투를 벌이는 방법에 대해 소중한 교훈을 얻을 수 있다.

　그러니 이제 배낭을 메고, 물을 채우고 '자기 돌봄 사파리'로 떠날 채비를 하자! 연비가 훌륭한 해파리의 고요에서부터 눈을 멀게(혹은 귀를 먹게) 하는 갯가재(사마귀새우)의 아름다움과 고슴도치의 회복력에 이르기까지, 우리는 지구의 유쾌한 생물들로부터 조화로운 삶을 살고 자신을 더 잘 돌보는 법을 정말 많이 배울 수 있다. 그리고 그에 대한 답례로 우리 모두가 공존하는 이 아름다운 지구를 존중하고 보호해 이 생명체들에게 작은 사랑을 조금만 더 나누어줄 수 있길 바란다. 자연을 돌보는 일은 곧 우리 모두를 돌보는 일이다.

고슴도치

* 접미사 '-ette'는 작은 것을 의미한다-옮긴이

시련은 우리에게 치명상을 입히기도 한다. 관계가 파탄 나거나 직장에서 부정적인 평가를 받거나 해고당하거나 집을 잃는 것. 이런 일들은 우리의 몸과 마음을 아프게 한다.

만약 당신에게 주어진 시련이 가시에 계속 찔리는 것이라면 어떨까? 아야! 그러면 정말 아플 거다. 가시투성이 친구 고슴도치는 실제로 이런 고난을 겪으며 살아간다. 어떤 고슴도치는 많은 시간을 나무 위에서 보낸다. 그러나 누구나 잘 알고 있듯 올라가면 내려와야 하는 법. 나무에서 내려오기로 결심한 고슴도치는 엉덩이를 땅 쪽으로 향한 자세로 뒷걸음질해야 한다. 언제쯤 땅에 가까워졌는지 알 도리가 없는 고슴도치는 종종 너무 일찍 나무를 놓아버리고 남은 높이만큼 떨어진다. 그리고 제 가시에 찔린다.

소름 끼치는가? 하지만 섣불리 슬퍼할 일은 아니다. 북아메리카 지역의 나무를 타는 고슴도치들은 가지가 자기를 찔렀을 때 생길 수 있는 파상풍이나 괴저 같은 치명적인 부상을 극복하게끔 똑똑하게 진화했기 때문이다. 고슴도치의 특별한 가시는 세균 증식을 방지하는 지방산으로 코팅돼 있고, 페니실린과 비슷한 항균 물질이 들어 있어 치명적인 감염의 위험이 없다. 고통스러운 부상을 견딜 수 있는 그들만의 생물학적 체계를 갖춘 것이다. 고슴도치는 목숨을 위협하는 잠재적 시련으로부터 회복이 가능한 DNA를 갖고 있다.

우리 인간의 DNA에는 일상의 시련을 자동으로 극복하는 기능은 없을지 모르나 마음가짐을 바꾸면 우리 앞에 닥칠 수많은 도전에 대비하기가 한결 쉬워진다. 고슴도치의 (살짝 까칠한) 회복력을 통해 다음 원칙들을 내 것으로 만들어 시련을 극복해보자.

"만약 한 번도 실패한 적이 없다면 한 번도 새로운 것을 시도하지 않은 것이다." | 알베르트 아인슈타인의 이 말은 가치 있는 시도의 의미를 완벽하게 포착하고 있다. 새로운 목표를 이루기 위한 노력을 시작했다면 실패는 예정된 거나 마찬가지다. 그렇다고 실패가 우리의 잠재력을 규정하는 것은 아니다. 그저 우리가 모든 상황을 언제나 통제할 수 없음을 보여주는 일시적인 시련일 뿐이다. 그러니 포기하지 말자!

실패에 놀라지 말 것 | 실패를 예상한다고 기대치가 덩달아 낮아진다는 의미는 아니다. 단지 예상 밖의 일, 내 가시에 내가 찔리는 것 같은 일에 좀 더 잘 대비하는 방법일 뿐이다. 나는 아주 똑똑한 친구로부터 '실패에 지원하기'라는 전략을 전수받았다. 작가인 그 친구는 자신의 글을 잡지나 신문에 자주 기고

하는데 이런 과정은 시간도 많이 들고, 상처받기도 쉬우며 거절이 난무하기 마련이다. 거절에 잘 대응하고 성공의 기회를 늘리기 위해 친구는 한 번의 '예스YES'라는 긍정적인 대답을 듣기 위해서 일단 열 번의 거절을 예상하고 시작한다. 너무 가혹한가? 그래도 한번 시도해보라. 첫 번째 거절은 늘 뼈아픈 법이지만 그다음부턴 모든 '노NO'가 예상된 할당량의 일부일 뿐이다. 그러다가 '예스'를 더 빨리 들으면 더 만족스러우리라.

일어서고, 또 일어설 것 | 기병대 사령관이었던 미군 장교 조지 커스터가 말했다.

"중요한 것은 몇 번 넘어지는가가 아니라 몇 번 다시 일어서는가이다."

자전거 타는 법 배우기부터 과학적 중대한 발견에 이르기까

중요한 것은
몇 번 넘어지는가가 아니라
몇 번 다시 일어서는가이다.

지 성공을 맛보고 그것을 누리기 위해서는 수없이 많은 시도를 거쳐야 한다. 하지만 왜 어떤 시련은 유독 더 극복하기 힘든 걸까? 그런 현상은 시도의 횟수와 관련된 경우가 많다. 만약 한 번 이상 실연을 당해봤다면 첫 번째 실연과 그다음에 이어진 실연에 대처하는 자세에 큰 차이가 있을 것이다. 시련을 겪은 뒤에는 그다음 실행 과정에 집중하는 것이 반등을 위한 최선이다. 이를 위한 현실적 실천 방법은 무엇일까? 고리타분할지는 몰라도 튼실한, 할 일 목록을 작성해보는 것이다. 물론 직장에서 잘리는 것처럼 엄청난 시련을 겪은 바로 다음 할 일 목록을 정신없이 적어 내려가는 게 쉬울 리 없다. 대신 그때는 숨을 고르고, 다른 사람의 시각에서 할 일 목록을 만들어보자. 해고를 당한 사람이 나의 친구고 내가 그에게 조언해주는 입장이라고 상상하자. 이렇게 하면 머릿속을 괴롭히던 생각들을 떨쳐내고 그 상황에서 한발 물러설 수 있다. 그러면 다음에 무엇을 해야 할지 분별 있는 선택이 가능하다. 남 일인 척 가장하면 어지러운 내 머릿속에서 벗어나기 한결 쉬우니 말이다.

강인한 고슴도치에게서 배우는 지혜

상처를 받고 안 받고의 문제는 우리 통제 능력 밖입니다.

누구든 언젠가는 상처를 받을 수밖에 없어요.

그러나 그 상처가 내게 얼마나 영향을 줄지는

내가 통제할 수 있답니다.

내 이름은 파리… 용 파리*라네!

잠자리

사냥성공률 95퍼센트를 자랑하는
초고도 킬링 머신이
우리와 함께 이 지구를 배회하고 있다.

* 영어로 잠자리는 dragonfly로, dragon(용)과 fly(파리)로 단어를 분리한 말장난-옮긴이

그렇다고 부랴부랴 집 창문에 판자를 대고 강아지를 대피시킬 필요는 없다. 다행히 잠자리는 파리, 모기, 각다귀, 그리고 간혹가다 운 나쁜 나비들에게만 위협적인 존재기 때문이다.

잠자리는 곤충 세계에서 독보적인 능력을 갖추고 있다. 먹잇감의 움직임을 예측하고 중간에 가로챌 수 있을 정도로 예리하다. 목표물이 날아갈 기회를 잡기도 전에 그 정확한 경로를 예측해낸다. 인간과 필적할 만한 집중력을 가진 잠자리는 지구상의 가장 무서운 사냥꾼 중 하나로 꼽힌다. 일반적으로 포식자는 사냥할 때 먹잇감을 향해 고도로 집중하고, 잠재적 목표물을 발견하면 그 즉시 먹이를 향해 움직인다. '고전적 추격'이라고도 불리는 이런 유형의 집중력은 마지막 남은 쿠키를 향해 손을 뻗는 행동과 비슷하다. 우리 인간들도 쿠키를 보면 그 정확한 위치를 목표로 움직인다. 그때 어떤 갑작스러운 동작 같은 것은 전혀 염두에 두지 않는다. 만약 움직이는 쿠키에 익숙한 분이 계신다면 본인이 어떤 삶을 살고 계신 건지 내게 따로 연락 좀 해주시기 바란다. 반면에 잠자리들은 먹잇감의 움직임에 집중하는 것에서 그치지 않고 상대의 예상 경로를 향해 돌진함으로써 그 경로 중간에서 먹잇감을 가로챈다.

목표 성취를 위해 고도의 집중력은 필수다. 그러나 집중력만으로 모든 게 다 해결되지는 않는다. 목표를 달성하기 위해서는 갑자기 튀어나오는 어떠한 돌발 상황에도 준비돼 있어야 한다. 예를 들면, 데드라인을 설정할 땐 변수가 생길 경우를 대비해 며칠 더 여유 있게 잡는 식이다. 일을 끝내려고 노력 중일 때는 휴대폰을 무음으로 설정해서 끊임없이 휴대폰을 확인하고픈 성가신 욕구를 미리 차단한다. 충전기를 깜빡하고 집에 두고 와서 낭패를 보는 일이 없도록 전자기기들은 늘 확실하게 충전

해둔다. 플래너에 장기 목표를 적어 최종 목표에 집중할 수 있도록 한다. '시나리오를 4월 15일까지 완성한다' 같은 데드라인을 임의로 정해도 괜찮다. 15일까지 시나리오를 완성하지 못할 수도 있지만 적어도 시작은 하게 될 테고, 그것이 바로 옳은 방향으로 나아가는 한 발짝이다. 목표를 눈에 보이게 적어두면 목표를 달성하기 위해 그 어느 때보다 더 집중할 수 있다.

영악한 잠자리에게서 배우는 지혜

조준의 정확도를 높이고 세상에서 가장 준비된 사람으로 거듭난다면 당신이 조준한 과녁이 조금은 만만해질 겁니다.

송장개구리

이렇게나 칙칙한 이름을 가진
생명체인 송장개구리지만
사실 칙칙함은 조금도 찾아볼 수 없다.

자연의 냉동 요법 실험은 순조로웠다. 사람들이 개구리가 겨울나는 법이라 통상적으로 믿고 있던 방식을 이 양서류가 깨면서 과학자들의 이목을 사로잡은 것이다.

캐나다와 알래스카 북쪽을 가로지르는 삼림 지대에 서식하는 송장개구리는 북극권 북쪽에 사는 유일한 개구리로 알려져 있다. 개구리는 모두 냉혈동물이다. 즉, 자기 몸 안에서 열을 만들어낼 수 없다는 의미다. 대신 그들은 자신을 둘러싼 공기나 물의 온도를 취하며 산다. 그렇다면 이 개구리는 얼어 죽지 않고 어떻게 겨울을 나는 걸까?

개구리는 대부분 물속이나 땅속에서 겨울을 난다. 물의 열역학 특성 때문에 연못이나 호수의 수면은 언제나 물의 밑바닥보다 춥다. 따라서 개구리를 비롯한 양서류는 겨울이 되면 생존 확률을 높이기 위해 연못 밑바닥에 붙어 지낸다. 땅속으로 들어가는 개구리들은 포유류가 예전에 쓰던 굴을 선택하거나 하나 새로 파서 진흙으로 자기 몸을 감싼다. 하지만 이러면 오히려 포식자에게 잡아먹힐 확률이 높다. 왜일까? 땅속에 완전히 들어갔다가 질식하는 것을 피하려고 공기 중에 몸을 살짝 노출해야 하기 때문이다.

그렇다면 송장개구리는 어떨까? 지금까지 북쪽에서 겨울을 나는 유일한 개구리로 알려진 이들이 겨우내 살아남기 위한 비책이 없을 리가 없다. 그럼 기대하시고, 두둥! 송장개구리는 겨울에 자신을 죽은 상태로 냉동시켰다가 봄이 찾아오면 폴짝 살아난다.

혹시 당신이 야생에서 꽁꽁 얼어붙은 송장개구리에 걸려 넘어진 적이 있다고 해도 돌이나 얼어붙은 흙덩이라고 생각하지, 개구리라고는 상상도 하지 못했을 것이다. 겨울의 송장개구리는 만져보면 딱딱하고 차갑고, 외부 자극에 전혀 반응이 없다. 그러다가 몇 분에 걸쳐 몸이 녹고 나면 눈을 뜨고, 심장이 뛰기 시작하고, 호흡이 재개된다. 이 좀비 개구리는 심장이 멈춰 있는 동안에도 사실 좀비와는 아주 거리가 멀다. 이 개구리가 겨울을 보내는 동안 신체의 70퍼센트가 얼어 있지만, 몇몇 장기는 요소와 포도당으로 둘러싸인 세포들이 완벽하게 보호하고 있다. 과학자들은 아직까지도 이 개구리 심장의 '살아 움직이기 시작하는' 원리를 정확히 밝혀내지 못했다. 그러나 언젠가는 그 원리와 같은 방식으로 인간의 세포 조직을 되살릴 수 있을 거라는 희망을 놓지 않고 있다.

송장개구리가 다른 개구리들처럼 물속에서 일반적인 겨울잠을 자지 않고 몸을 냉동시켜서 얻을 수 있는 혜택은 정확히 무엇일까? 냉동 요법은 송장개구리들의 번식에 유리한 고지를 선점하는 데 도움이 된다. 대부분의 연못, 호수, 강, 즉 다른 양서류들이 겨울잠을 자는 서식지보다 이 개구리들의 몸이 먼저 녹기 때문이다. 다른 개구리들보다 먼저 움직일 수 있다는 건 자원을 서로 차지하기 위한 경쟁 없이 새끼를 낳을 수 있다는 의미다. 얼었던 연못이나 호수가 봄을 맞아 녹으면서 형성된 한시적 물웅덩이인 봄 못은 봄이 무르익고 여름이 다가오며 말라버리는데 송장개구리는 그 전에 여기에도 알을 낳을 수 있다. 이런 곳에는 대개 물고기도 살지 않기 때문에 이 봄 못에 낳은 개구리알은 잡아먹힐 염려도 없다. 일찍 녹은 개구리는, 벌레는 못 잡을지 몰라도 가장 좋은 번식의 장을 확보할 수 있는 것이다.

휴식 시간 동안 일하는 기능을 냉동시켜버리는 송장개구리는 일상의 리듬으로 돌아갈 때가 됐을 때 놀라운 혜택을 누릴 수 있다. 미국인의 절반 이상이 휴가 중에도 일한다고 한다. 맞다. '아주 잠깐' 이메일을 확인하는 것도 일이다. 대다수의 사람들이 근무 외 시간에도 일을 멈추지 않는다. 그 결과 번아웃, 만성피로, 그리고 엄청난 무게의 정신적 압박에 시달리게 되는데도 그렇다.

우리가 주말에도, 심지어 휴가 중에도 일할 수밖에 없는 이유는 뭘까? 확실한 답은 스트레스일 것이고, 확실하진 않지만 가능성 있는 답은 잘못된 계획이다. 송장개구리는 겨울을 날 자리에 정착하기 전에 먼저 자신을 냉동시킬 만한 외딴 장소를 찾는다. 우리 인간들은 일로부터 우리를 분리하는 데 있어선 송장개구리의 반도 못 따라간다. 그렇게 어려운 일도 아닌데 말이다.

휴대폰의 할 일 알림 기능 꺼두기 | 처음으로 휴대폰 알림 기능을 껐을 때 포모증후군(자신만 세상과 동떨어져 있다는 두

려움 - 옮긴이)이 발동하는 것은 지극히 자연스러운 일이다. 곤두선 신경을 잠재우기 위해서는 다음을 기억하자. 직장에 비상이 걸렸을 때 이메일이나 채팅 앱, 단톡방을 통해 연락이 올 가능성은 절대로 없다. 진짜로 긴급한 일이 터지면 분명 직접 전화를 하거나 적어도 문자를 보내는 법이다. 그러니 휴가 중이라는 자동 답변 기능을 설정해두고 당신의 뇌와 몸에 꼭 필요한 휴식을 누리길 바란다.

휴가 전에 나에 대한 기대감 관리하기 │ 꼭 포모증후군에 시달리지 않아도 여기저기서 들어오는 알림을 바로 확인하면 본인이 직장에서 '더욱 믿을 만한' 사람처럼 보이는 데 도움이 된다고 생각할 수도 있다. 뼈아픈 사실을 하나 알려드리겠다. 휴가 중에는 연락이 되지 않을 거라고 사무실에 말해놓고도 계속 메시지에 답변한다면, 그 직장에서 퇴직할 때까지 당신이 설정한 비현실적인 기대감을 만족시키며 살아야 한다. 그뿐만이 아니다. 정신이 사무실을 떠나지 못하면 육체가 그곳을 떠나는 게 무슨 의미가 있을까? 당신을 향한 팀원들의 기대감을 잘 관리하고, 당신이 없다고 해서 당장 큰일 나지 않을 거란 생각을 받아들이자.

열기 식히기

인간 세상에서 휴식해야 할 때 제대로 쉬지 못하면 번아웃에 시달릴 가능성이 커지고, 승진 기회를 놓치며, 심지어 심장 질환에 걸릴 확률이 늘어난다는 점을 기억한다면, 송장개구리가 몸의 열기를 식혀서 누리는 생존의 이점들은 사실 엄청나게 대단한 것도 아니다. 이뿐만 아니라 진짜로 '일시 정지' 버튼을 누르

는 법을 배운다면 사적인 인간관계도 더 풍요로워질 것이라 장
담한다.

시원시원한 송장개구리에게서 배우는 지혜

열기를 식히고 느긋해져야 할 때와 그 방법을 배운다면

오히려 더 앞서 나갈 수 있습니다.

문어

우선 중요한 문제부터 짚어 보자!
문어Octopus의 올바른 복수형은,
O-C-T-O-P-U-S-E-S다.

문어_{octopus}라는 단어의 기원이 고대 그리스어냐 고대 라틴어냐 하는 문법적 디테일을 따지지 말고, 그냥 나를 믿어주기를 바란다. 그리고 불편한 진실일지 모르나 정확한 사실을 알았다는 것에 마음껏 기뻐하기로 하자(미국인 중엔 문어의 복수형을 Octopi로 알고 있는 이들이 많다-옮긴이).

이 세상에는 300종이 넘는 문어가 있다. 10센티미터 정도밖에 안 되는 것에서부터 10미터에 육박하는 것까지 크기도 다양하다. 그중에서 우리가 집중적으로 다룰 문어는 흉내문어(미믹 옥토푸스 Mimic octopus)로, 아마도 카르멘 샌디에고(애니메이션 〈카르멘 샌디에고〉의 주인공으로, 범죄 집단을 상대로 절도 행각을 펼치며 종적을 감춘다-옮긴이) 다음으로 가장 붙잡기 어려운 캐릭터일 것이다. 흔히 '바다의 카멜레온'이라 알려진 문어는 종을 막론하고 피부의 질감과 색을 극적으로 바꿀 수 있다. 그러나 흉내문어는 다른 바다 생물들의 움직임과 행동 방식까지 흉내 냄으로써 그 차원을 가뿐히 뛰어넘는다.

흉내문어는 바다뱀에서부터 다양한 물고기들에 이르기까지 대략 열다섯 종을 모방하는 것으로 관찰돼왔다. 형태를 바꾸는 데 어찌나 능한지 포식자뿐만 아니라 자기 사냥감까지 속인다.

다음은 흉내문어가 흉내 낼 수 있는 동물 중 몇 가지 예시다.

• 바다뱀 ｜ 흉내문어는 바다뱀의 상징인 흑백 줄무늬 패턴을 만들고 바다 밑바닥으로 파고 들어간 뒤, 팔을 두 개만 내놓고 기다란 뱀처럼 움직이며 독성이 있는 바다뱀을 흉내 낸다.

• 쏠배감펭 ｜ 이 물고기의 영어 이름(라이온피시Lionfish)을 왜 사자Lion에서 따왔는지 정확히 확인된 바는 없다. 지배적 이론 두 가지는 뾰족뾰족 넓게 펼쳐진 지느러미가 용맹한 사

자의 갈기를 닮았기 때문이라는 것과 이 물고기의 독성이 치명적인 영향을 줄 수 있기 때문이라는 것이다. 둘 중 어느 것이 맞든, 흉내문어는 망망대해를 헤엄치며 다리에 주름을 잡았다가 활짝 펴는 방식으로 이 현란한 물고기를 흉내 낸다. 미숙한 눈에는 문어의 무늬와 움직임이 혼자 행복하게 헤엄치고 있는 쏠배감펭으로 보일 수밖에 없다.

• 넙치 ㅣ 아마도 흉내문어의 가장 상징적인 변신 형태는 넙치, 가자미, 도다리 등의 가자미목 물고기들일 것이다. 이들은 해저 밑면에 몸을 납작하게 깔고 헤엄치는 독보적 존재다. 종에 따라 독성 물질을 품고 있기도 한 이 물고기들은 색깔마저 모래와 거의 똑같아서 주위에 그대로 스며든다. 흉내문어는 몸을 넙치처럼 납작하게 만들고 넙치가 헤엄치는 방식 그대로 해저 밑면에 붙어 앞으로 나아간다. 이렇게 이동 방식을

바꾸는 데서 그치지 않고 색깔까지 바꾸어 해저와 한 덩어리
가 된다.

흉내문어가 종종 흉내 내는 동물들에겐 한 가지 공통점이 있
다. 대부분 독성을 갖고 있거나 문어보다 방어 체계가 뛰어나다
는 점이다. 외부의 공격을 덜 받을 것 같은 동물들을 흉내 냄으
로써 문어들은 자기를 간식거리로 보며 군침을 흘리는 포식자
들로부터 제 몸을 보호하려는 것이다. 달리 표현한다면, '될 때
까지 그런 척이라도 하자'라고 할 수 있겠다.

가면증후군*에서부터 자신감 부족 등 다양한 이유로 사람이
라면 누구나 사기를 높이기 위한 응원의 말에, 혹은 '술김'에 의
지해야 하는 상황에 처해보았을 것이다. 살아가며 직면하는 중
요한 순간 직전에 우리는 무엇을 하는가? 정말 중요한 프레젠

---

* 가면증후군은 자신이 이룬 성취의 타당성을 의심하고 사기꾼이라는 느낌에서 벗어
나지 못하는 심리유형이다.

테이션 전에, '그 사람'에게 인사를 건네기 직전에, 혹은 중차대한 임무를 시작하기 전에, '될 때까지 그런 척이라도 해보자' 정신은 분명 효과가 있다.

물론, 다른 모든 일들처럼 행동보다 말은 쉽다. 그래서 이런 마음가짐을 내 것으로 만들 수 있는 간단한 방법 두 가지를 소개해본다.

모두들 그런 척하고 있다는 것 알기

내 주위의 모든 이들이 자신감이 충만한 것처럼 보일 때가 있다. 하지만 한 번 나의 불안한 마음을 열어 보이면 예상 밖의 그림을 볼 수도 있다. 무슨 말을 해야 할지 늘 잘 아는 것처럼 보이는 직장 동료부터 모임에 나가 절대 긴장하는 법이 없는 듯한 그 사람, 그리고 심지어 유명 인사들마저도! 모두가 때때로 자의식을 느낀다. 에미상Emmy Awards 수상자인 심야 토크쇼 진행자이자 코미디언인 제임스 코든은 공개적으로 이런 고백을 한 바 있다. "'나도 잘릴 수도 있어!' 저는 매일 그런 생각을 해요."

어느 시점에는 우리는 그저 될 때까지 흉내를 낼 필요가 있다. 그렇다고 절대 가짜가 되는 건 아니다. 자신 없는 부분을 내놓고 언급하며 개선하려고만 해도 좀 더 자신감 있는 모습을 보여줄 수 있다. 일례로, 나는 이 책을 쓰는 내내 어떤 생물에 대해 글을 쓰려고 책상에 앉으면, 일단 어느 인플루언서와 함께 멋진 숲속을 거닐고 있거나 퓰리처상을 수상하고 있는 내 모습부터 상상했다. 현실은 한 줄도 진도가 안 나가고 시리얼이나 한 사발 퍼먹으며 책상에 처박혀 있었는데 말이다.

그러니 마음 편히 먹으시라. 절대 당신만 그런 게 아니니까.

원하는 역할에 맞춰 입기

아니, 아니. 제복을 입고 경찰 행세를 해도 된다는 뜻이 아니다.

제일 좋아하는 옷을 입었을 때의 기분이 어떤지 모르는 사람은 없을 것이다. 당신을 불편하게 만드는 어떤 일을 해야 할 때는 좋아하는 옷을 입었을 때의 그 좋은 느낌과 에너지를 불러내는 상상을 해보자. 고등학교 때 내 친구 중에는 SAT(미국 대학 능력 시험 - 옮긴이) 시험장에 정장을 차려입고 간 아이가 있었다. 그렇게 입으면 더 신중해지고 차분해진다고 느낀다나. 그 친구가 시험을 잘 봤을까? 물론이다. 나는 잘 때 입었던 추리닝 바지를 그대로 입고 갔다. 나한텐 그 옷이 가장 편하고 자신감을 느끼게 해주는 복장이었기 때문이다. 그렇다면 나도 좋은 점수를 받았을까? 그건 스티브 어윈Stephen Irwin(오스트레일리아의 환경운동가 - 옮긴이)과 퓰리처상 위원회에 질의하는 걸로 해두자….

그런 건 다 기분에 불과하다고 생각할 수도 있겠지만, 일단 기분이 좋아지면 그때 생긴 자신감이 행동에 영향을 미칠 수밖에 없다. 헬스장에 가기 싫어 죽겠다면? 헬스장 죽순이/죽돌이 같은 느낌이 샘솟는 옷을 입어보자. 팀원들에게 내 아이디어를 설명해야 한다면? 기업가의 면모를 풍기는 복장을 갖춰보자.

어떤 역할을 연기하는 기분이 드는 복장은 그 역할에 안착하는 데 실질적으로 도움이 된다. 다시 강조하지만, 이 방법은 부디 법의 테두리 안에서 해주십사.

문어는 포식자를 피하고자 다른 동물로 위장한다. 우리는 문어를 본받아 자신감이 떨어진 순간을 통과해낼 때까지 괜찮은 척해보는 거다.

다재다능한 문어에게서 배우는 지혜

바라는 모습이 될 때까지

'그런 척하기'를 해보세요.

목표를 이루는 데 도움이 됩니다.

밤에 피는 선인장

장미는 빨갛고, 제비꽃은 파랗고,
식물들은 종일 바쁘게 살아간다.
한번 들여다보자!

식물을 묘사할 때 '세련된 진화'라는 말을 떠올리는 사람은 별로 없다. 그러나 이 땅에 온 지 이제 겨우 20만 년된 인류에 비해 식물은 지구에 뿌리를 내리고 살아온 세월이 대략 50억 년이나 됐다. 그 세월 동안 식물은 땅에서, 물에서, 심지어 바위 위에서까지 피어나는 법을 배웠다. 나무, 관목, 물에 뜨는 잎, 혹은 정교한 꽃에 이르기까지 어떤 형태를 취했든 간에 식물은 자연 그 자체의 풍경, 그리고 인간이 만들어낸 풍경의 특징과 면모를 한눈에 잘 드러낸다.

꽃은 그중에서도 아마 가장 눈에 잘 띄는 식물일 것이다. 우리가 사는 지역에 따라 꽃의 형태는 무척 다양하다. 네덜란드에서는 튤립이 대권을 장악하고 있지만, 인도의 문화와 종교, 역사 중심에는 재스민과 마리골드가 있다. 다채로운 색과 향기 덕분에 꽃은 인간이 서로에게 감정을 전달하는 아주 자연스러운

꽃들은 각자에게 최적인

개화 시기에 따라

살아가도록 진화해왔다.

수단이 되었다. 하지만 꽃을 피우는 식물에게는 아리따운 꽃잎 이상의 무언가가 있다.

습성의 차이가 극명한 튤립, 재스민, 마리골드를 먼저 살펴보도록 하자. 튤립은 밤에 꽃잎을 오므리고, 재스민은 밤에 활짝 피우며, 마리골드는 온종일 꽃잎을 열고 있다. 이런 습성은 우연한 것이 아니다. 꽃들은 진화 과정을 통해 저마다 하루 중 꽃을 피우고 있을 최적의 시간이 언제인지 터득한 것이다.

'밤에 피는 선인장'은 오직 밤에만 피어나는 꽃 선인장들을 부르는 표현으로, 특화된 종의 아주 완벽한 예라 하겠다. 이 선인장들은 대부분 오직 해 질 녘에만 꽃잎을 펼친다. 그중에는 1년에 딱 한 번만 꽃을 피우는 종도 있다. 밤에 피는 선인장의 꽃가루를 퍼뜨리는 일은 박각시나방과 화밀(꿀의 꽃)을 먹는 박쥐가 담당하고 있는데, 둘 다 오직 밤에만 활동한다. 따라서 이 선인장들은 저녁 시간에만 꽃잎을 열고 향기를 발산하는 것이 자신에게 이롭다는 걸 알고 있다.

반면에 튤립은 저녁나절이나 흐린 날엔 꽃잎을 닫고, 낮에는 꽃잎을 활짝 열어 햇볕과 꽃가루를 날라줄 곤충들의 방문을 준비한다. 꽃가루는 건조할 때 가장 잘 이동하기 때문에 튤립은 비가 내릴 첫 조짐을 감지하거나, 하늘이 어두워지고 흐려지면 바로 문을 닫아 꽃가루가 젖거나 물에 씻겨 내려가는 것을 방지한다.

꽃들은 각자에게 최적인 개화 시기(루틴)에 따라 살아가도록 진화해왔다. 물론 밤에 꽃을 피우는 선인장의 꽃은 햇볕을 누리고 살지는 못하는 대신 햇볕이 필요하지 않도록 적응했다. 튤립도 마찬가지다. 나처럼 비 오는 날을 사랑하긴 하지만 그건, 머리(혹은 꽃가루)를 망치지 않는 선까지 만이다.

루틴은 꽃에게 만큼이나 우리에게도 도움이 된다. 루틴은 더 나은 버전의 나로 피어나도록 돕는다. 루틴이 있다는 말은 언제나 일찍 일어나고 매일 똑같은 식단을 지켜야 한다는 의미가 아니다. 다른 모든 것들과 마찬가지로 루틴에도 융통성이 필요하다. 좋은 루틴의 핵심은 삶의 자잘한 스트레스를 제거하고 나의 강점을 불러내는 데 있다. 이런 경지에 이르도록 내게 꼭 맞는 루틴을 찾을 때까지 계획을 수정하고 미세하게 일정을 조율하는 것은 절대 부끄러운 일이 아니다.

나는 아주 오랫동안 나를 위한 루틴을 만드는 일이 '나와 맞지 않는 일'이라 느끼며 살아왔다. 루틴을 만든다는 건, 기상-일-식사-잡일-식사-수면에만 치중한 라이프 스타일로 살라는 압박에 굴복하는 태도라고 생각했던 것 같다. 하지만 나를 진정 나답게 느낄 수 있는 의식과 순간들을 창조하고 특정한 일을 할 요일을 지정하기 시작하자 매일 끊임없이 해야 할 일에 쫓겨 다니는 대신 내가 좋아하는 일을 할 수 있는 시간을 마련할 수 있었다.

나한테 잘 맞지 않는 계획표에 억지로 맞추고 살기보다는 하루하루를 조금이라도 더 밝게 느낄 만한 계획을 짜보도록 하자.

늦은 밤에 일이 더 잘 되는 편이라면? 해지기 전에 다른 잡일을 다 끝내고 밤은 이런저런 스트레스로부터 자유로운 시간으로 만들어보자. 운동은 어떤가? 퇴근 후에 지쳐서 아무것도 할 수 없다고 느낀다면? 그렇다면 퇴근 후에 운동하려고 애쓸 것이 아니라 기운이 더 팔팔한 시간에 운동 시간을 마련해보자.

'루틴'이란 말에 겁 먹을 필요 없다. 작은 것부터 시작해보는 거다. 매일 같은 시간에 요즘 가장 좋아하는 노래를 찾아 듣기나 매주 화요일마다 할머니에게 전화 드리기* 같은 작은 것들부터. 어디에서든 일단 시작할 수 있다면 시간이 흐르면서 좀 더 탄탄한 루틴을 만들어가게 될지니!

* 잊지 말 것 : 할머니 할아버지께 전화 자주 드립시다!

자기 돌봄은 루틴과 밀착돼 있다. 왜냐하면 하루 중에 진정으로 기다려지는 시간을 만드는 것은 나 자신뿐만 아니라 나의 창의력, 가족, 그리고 목표에 윈윈Win-Win이기 때문이다.

밤에 피는 선인장에게서 배우는 지혜

내게 최적의 시간이 언제인지 알게 되면
그 어느 때보다도 활짝 피어날 수 있으리.

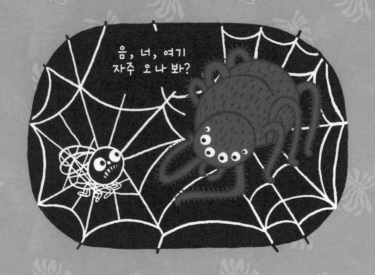

거미

집 안에서, 야생에서, 그림 속에서,
혹은 그 어디에서도
거미를 보고 싶어 하는 사람은 아무도 없다.

시라도 당신이 다리 여덟 개 달린 우리의 친구를 무지막 지하게 사랑하는, 흔치 않은 취향을 가졌다면 기대하시라. 이제부터 영리한 거미와 그 기발한 거미줄에 대해 배울 참이니까.

그러나 자세한 내용에 얽혀들기 전에 먼저 거미(그리고 그들의 거미줄)를 감탄스러운 존재로 만드는 것이 무엇인지 알아야 한다. 그건 바로 거미의 다재다능함이다. 사는 지역에 따라 거미줄을 상상할 때 떠오르는 뚜렷한 형태가 있을 것이다. 어떤 이들은 핼러윈 장식이나 공포 영화에 단골로 등장하는 흔한 방사형을 떠올릴 테고, 또 어떤 이들, 특히 오스트레일리아에 사는 사람들은 그보단 덜 흔한 깔때기 모양을 떠올릴 수도 있다. 종, 지역, 혹은 형태가 어떻게 다르든 간에 거미줄의 주요 기능은 똑같다. 바로, 먹이 포획이다.

나만의 매우 전문적인 기준으로 선정한

최고의 거미줄web 순위

1. 월드 와이드 웹World Wide Web, WWW
2. 엘윈 브룩스 화이트가 쓴 《샬롯의 거미줄》
3. 볼라스거미(여섯뿔가시거미)가
   나방을 잡을 때 쓰는 거미줄

거미줄의 종류는 수십 가지에 달한다. 몇 개만 열거해보자면, 엉킨 듯한 거미줄, 접시 거미줄, 깔때기 거미줄 등이 있다. 이제 그중 가장 기억에 남을 만한 세 가지 거미줄의 심층 탐구에 들어가 보자.

삼각형거미

삼각형거미로도 알려진, 부채거미속의 힙티오테스 카바투스 Hyptiotes cavatus라는 이 거미는 전통적이지 않은 형태의 거미줄을 짠다. 삼각형이란 이름에서 예상할 수 있듯이 이 거미들은 따로 떨어진 지점 세 곳에 그물을 붙여 이등변 삼각형을 만든다. 그 세 꼭짓점 중 하나가 바로 거미 자신이다. 파리나 커다란 나방이 거미줄에 와서 걸리길 기다리는 동안 거미는 자기 앞다리 두 개로 그물을 잡아 팽팽하게 유지하고 몸의 나머지 부분으로는

거미의 다재다능함에
놀라지 마시라!
거미의 영리함에
감탄이 절로 나옵니다.

나뭇가지처럼 근처의 견고한 무언가를 움켜잡고 있다. 거미줄이 어느 정도로 팽팽한가 하면 바람이 불어와도 끄떡도 하지 않을 정도다.

가엾은 제물이 일단 거미줄로 날아들면 거미는 그 즉시 몸부림치는 곤충의 떨림을 감지한다. 대부분의 거미는 그물에 걸린 먹잇감을 향해 기어가 비단실로 꽁꽁 묶는다. 그러나 이 거미는 다르다. 제물을 향해 다가가는 대신 거미줄의 팽팽한 지점을 재빨리 놓아버림으로써 그물 전체가 먹잇감 위를 덮게 한 뒤 즉시 거미줄로 얽어매버린다.

겁낼 건 없다. 0.4센티미터 크기의 무독성 거미는 인간이 걱정할 만한 상대는 아니다…아직까지는 말이다.

무당거미

영어로는 '황금 비단 공을 짜는 거미Golden Silk Orb Weaver'라는 이름을 가진 무당거미속의 이 거미는 미국 남동부, 아프리카 남부, 그리고 오스트레일리아처럼 초목이 무성하고 따뜻한 지역에서 발견된다. 무당거미는 기본적으로 거미 공포증이 있는 사람들에게는 최악의 악몽 같은 존재다. 이들의 밝은 황록색 다리는 5센티미터에 달하기도 하는데 마다가스카르에서는 약 13센티미터에 육박하는 무당거미가 발견됐다는 보고도 있다. 그 정도면 거의 1달러짜리 지폐(한국의 5,000원짜리 지폐-옮긴이)와 거의 같은 길이다. 그렇다, 내게도 엄청난 충격이다.

비록 이 거미들이 무지막지하게 징그러운 벌레임은 틀림없지만 이들은 아름다운 황금 거미줄로 단점을 보완한다. 무당거미는 오스트레일리아에서 찾아볼 수 있는 가장 큰 거미줄을 짓는 건축가다. 지름이 무려 90센티미터가 넘는 것으로 알려져 있다. 거미의 비단에 함유된 카로티노이드라는 색소, 당근의 특징인 주황색을 만드는 색소가 주위의 녹색 잎과 햇빛을 반사하는데, 덕분에 황금색 거미줄은 햇살 화창한 풍경으로 스며들어 다른 이의 눈에 띌 수밖에 없다. 금빛 실이 밝으면 밝을수록 벌과 다른 곤충들은 거미줄에 더 많이 걸려든다. 흥미롭게도 황금 거미줄을 치는 무당거미는 숲의 어두운 지역에서는 덜 강렬한 빛깔의 집을 짓는다. 이 거미에겐 거미줄을 어디에서 짜느냐에 따라 실의 색소를 조절할 능력이 있다는 이야기다.

볼라스거미

마스토포라Mastophora 속의 볼라스거미는 위장과 사냥의 대가다. 빨간색, 갈색, 흰색 반점이 박힌 얼룩덜룩하고 둥근 몸체로 나뭇잎에 앉아 있는 이 영리한 거미는 포식자를 피하는 완벽한 방법을 발달시켰다. 생김새가 꼭 새똥 같다는 것. 포식자의 접근을 걱정하지 않아도 되는 상황에서 볼라스거미는 좀 더 세심하게 대처해야 하는 문제에 집중한다. 저녁이 찾아오면 거미는 자기 몸에서 실을 한 가닥 뽑아내어 매달린다. 그다음 가느다란 실을 한 가닥 더 만들어 그 끝에 작고 끈끈한 방울을 붙인다. 작은 조약돌에 줄을 매단 모양을 상상하면 된다. (토막 상식 : 볼라스거미의 이름은 끝부분이 끈적끈적한 이 줄에서 따왔다. '볼라스Bolas'는 인간들이 짐승을 사냥할 때 쓰던, 끝에 무거운 쇳덩이가 달린 밧줄이다. 팔맷돌과 비슷하다.)

볼라스거미는 치명적인 비단실에 매달려 먹잇감이 지나가길 기다리고만 있지 않다. 그보다 훨씬 나은 전략이 있기 때문이다! 그 지역 암컷 나방이 수컷을 유혹하기 위해 내뿜는 페로몬을 모방한 물질을 발산하는 것이다. 이 향을 맡은 운수 나쁜 나방이 사정권으로 날아들면 거미의 감각털이 나방이 움직이는 방향을 감지한다. 그러면 이제 끈끈이를 팔매질할 때! 볼라스거미는 끈적한 방울을 나방을 향해 던짐과 동시에 포획하고 그의 끈끈한 운명을 종결짓는다.

반전 포인트는 볼라스거미가 나방의 페로몬을 흉내 낸 공격적인 화학 물질이 한 종의 나방을 잡는 데만 쓰이는 것이 아니라는 점이다. 예를 들어 볼라스거미의 일종인 마스토포라 훗친소니Mastophora hutchinsoni라는 거미는 각기 다른 두 종의 나방 페로몬을 서로 다른 시간대에 내뿜는다. 털이 까칠까칠한 거세미나방은 일몰 후에 가장 활동적이기 때문에 이 거미는 바로 그때 거세미나방을 잡기 위한 페로몬을 내뿜고, 그러다가 테타놀리타 미네살리스Tetanolita mynesalis라는 나방이 왕성하게 활동하는 밤

11시가 지나면 거세미나방을 목표로 하던 페로몬을 거두어들이고 새로운 목표물을 유혹하기 시작한다.

새똥, 끈끈한 팔맷돌, 그리고 나방의 가짜 페로몬까지. 볼라스거미는 자기가 원하는 것을 손에 넣는 법을 정확히 알고 있다.

Web, Web, Web

3억 8,000만 년 동안 이 행성을 돌아다닌 끝에 수천 종의 거미들은 지구에서 살아가는 법을 터득했다. 거미의 생존 비결은 무엇일까? 바로 목표에 도달하기 위한 창의적인 방법을 고안하는 것이다. 볼라스거미가 팔맷돌을 던지는 것에서부터 삼각형 거미가 사랑의 삼각관계 아닌 죽음의 삼각형을 짜는 것에 이르기까지 거미는 자신만의 독특한 방식으로 목표를 달성하기 위해 진화를 거듭해왔다.

커리어와 관련된 것이든 개인적이든 어떤 목표를 이루는 방식은 하나일 수 없다. 일자리를 위한 면접은 이제 더 이상 단순히 지원서를 채우는 것만으론 잘 해낼 수 없다. 인간관계에 힘써야 하고, 온라인 지원서를 낸 다음에는 운도 따라야 하고, 면접을 끝내주게 잘해야 하고, 일자리 제안을 받으면 연봉 협상도 해야 한다. 사랑을 찾는 일 역시 간단한 일이 아니다. 완벽한 프로필 사진을 찍어야 하고, 새로운 이성과 밥도 먹고 술도 한잔해야 하고, 'LIVE, LAUGH, LOVE(살아가고, 웃고, 사랑하라)' 같은 마음에 안 드는 문신을 새긴 사람은 무조건 피하는 노력도 기울여야 한다.

경제적 목표를 이루는 것 역시 비싼 식당은 가지 않겠다고 맹세하는 것만으로 되는 일이 아니다. 예산을 짜고, 절약하고, 퇴직 연금에 투자하고, 학자금 대출(윽!)을 모두 상환할 계획을 마

련해야 한다. 목표를 성취할 수 있는 옳은 길이 딱 하나였다면
지금쯤 그걸 모르는 사람은 아무도 없지 않았을까.

영리한 거미에게서 배우는 지혜

목표를 이루기 위한 그물을 짜는 데는

다양한 방법이 있습니다.

해바라기

우연히 활기 넘치는
노란색 해바라기와 마주친다면
기운이 안 날 수가 없다.

언제나 밝은 면을 보는 법을 터득한 듯한 꽃, 충성과 환희의 상징인 이 눈부시게 아름다운 꽃은 평균 키가 2~3미터에 달한다. 해바라기는 미모와 지성을 겸비한 완벽한 본보기다.

사람들이 쉽게 저지르는 오해 중 하나가 만개한 해바라기는 해를 따라가기 위해 낮 동안 머리를 동쪽에서 서쪽으로 돌린다고 생각하는 것이다. 실제로 다 자란 해바라기는 해를 따라 움직이지 않는다. 어린 봉오리만 열심히 움직인다. 성장 초기 단계에서 해바라기 봉오리는 동쪽에서 서쪽으로 이동하는 해를 따라 자세를 바꾼다. 이렇게 하면 햇빛을 최대한 많이 받을 수 있고 성장률은 올라간다. 꽃봉오리 바로 밑, 해바라기 줄기의 유연한 부분은 이 예쁜이들이 언제나 해를 찾을 수 있게끔 돕는다. 해가 비치는 쪽 반대편의 줄기 속 세포들은 몸을 늘려 꽃의 얼굴이 해를 향해 기울 수 있게 해준다.

다음에 해바라기가 핀
들판을 지날 기회가 생긴다면
주의 깊게 살펴보자.
활짝 핀 해바라기들은
대부분 동쪽을 향하고 있음을
확인할 수 있으리라.

해가 지평선 너머로 넘어가고 나면 해바라기 봉오리는 얼굴을 도로 동쪽으로 돌리고 참을성 있게 해가 다시 뜰 때를 기다리며 다음 날을 준비한다. 다음에 해바라기가 핀 들판을 지날 기회가 생긴다면 주의 깊게 살펴보자. 활짝 핀 해바라기들은 대부분 동쪽을 향하고 있음을 확인할 수 있으리라. 꽃봉오리가 만개한 뒤에는 동쪽을 향한 자세를 그대로 유지하며 다 자란 꽃이 하루를 시작하며 매일 햇볕을 흠뻑 흡수할 수 있도록 한다. 하루를 시작하고 끝내는 의식에 관해 해바라기는 알아야 할 모든 것을 확실히 알고 있다.

우리는 해바라기로부터 밝은 면을 보는 법을 배울 수 있다. 긍정적인 사고는 수명을 연장하고 관계를 개선하며 전반적으로 건강한 삶을 살아갈 수 있게 해준다. 물론 말이 쉽지 낙천주의자가 되는 것이 결코 쉬운 일은 아니다. 우리가 생물의 한 종으로 생존할 수 있는 건 비관적인 경향 덕분이라 할 수 있다. 그 덕에 역사상 인류는 누군가의 점심 식사가 되거나 치명적인 식물 앞에 쓰러지는 일을 피할 수 있었다. 그러나 심리학자들의 연구에 따르면 어둠 속에서 희망을 찾고 감사의 마음을 표시하는 행위는 우리의 수명을 연장할 뿐만 아니라 더 행복하고 충족된 삶을 사는 데 도움이 된다고 한다. 그럼 어떻게 하면 정신을 차리고 밝은 면을 보기 시작할 수 있을까? 세계적인 심리학자 마틴 셀리그먼 박사('긍정 심리학의 창시자'로도 유명한)에 따르면 두 가지 간단한 실천으로 시작해볼 수 있다.

고맙다고 말하기 ㅣ 친한 친구, 동반자, 혹은 식구(물론 그들을 좋아한다는 가정하에)에게 감사 편지를 쓴다. 그다음 행운의 수신인에게 직접 읽어준다. 이런 행위는 우리의 기분을 끌어올려 거의 4주간이나 지속시켜준다는 연구 결과가 있다. 그뿐인가. 이 간단한 활동을 통해 사랑하는 사람들이 얼마나 기뻐할지 상상해보라!

세 가지 좋은 일 ㅣ 매일 하루를 마감하며 긍정적인 자세를 취하는 해바라기처럼 우리도 똑같이 해보자. 잠자리에 들기 전에 그날 있었던 긍정적인 일 세 가지를 떠올리고 적어보는 것. 각 항목 옆에는 그 일이 일어난 이유도 적어본다. 예를 들면 이렇게 말이다.

"머리가 예쁘다는 칭찬을 들었다. 요즘 머리카락을 좀 더 자주 다듬고 있기 때문이다."

이런 활동에 우리 자아를 거짓으로 부풀리려는 의도는 없다. 그보다는 우리 삶의 긍정적인 순간들을 모두 기억하기 위함이다!

찬란한 해바라기에게서 배우는 지혜

삶의 밝은 면을 바라보는 것은

결코 쉬운 일이 아닙니다.

이를 통해 더 강해질 수 있습니다.

해파리

세상에서 가장 연비 좋은 동물을
본받는 것은 언제나 옳다.

그 조상들이 50억 년 전(어쩌면 70억 년 전)부터 존재했던 해파리는 아마도 지구를 어슬렁거렸던 첫 번째 공룡보다 세 배는 오래된 생명체일 것이다. 이 세상 바닷속을, 문자 그대로 휘저어주는 임무를 맡은 것도 대단하지만 해파리가 헤엄치는 방식 역시 정말 놀랍다. 해파리는 독특한 흡입 방식을 써서 앞으로 나아간다.

만약 해파리가 헤엄치는 모습을 한 번도 본 적 없다면 무언가를 집을 때처럼 손가락을 전부 모았다가 놓는 모습을 그려보면 된다.[*] 앞으로 헤엄쳐가기 위해서 해파리는 몸을 수축시켰다가 다음 동작을 시작하기 위해 다시 몸을 풀어주어야 한다. 헤엄치는 사이사이 몸을 풀어주는 중요한 단계가 빠지면 앞으로 나아가는 동작도 불가능하다. 동작 사이의 이 막간 휴식은 해파리를 지구상에서 에너지 효율이 가장 높은 생명체로 만드는 특징이

---

[*] 이 동작은 이 책을 읽는 모든 독자들에게 건네는 비밀 악수이기도 하다. 환영합니다!

다. 저밀도 액체 같은, 젤리로 채운 듯한 중심부[중교(中膠)라 불림 - 옮긴이]는 해파리가 바닷속의 저항을 거의 받지 않고 이동할 수 있도록 돕는다.

우리 인간들도 긴장을 풀고 정신적 휴식을 취하는 것이 얼마나 중요한가를 모르지는 않는다. 하지만 그것이 해파리가 전하는 복음과 정확하게 어떤 관련이 있는 걸까? 우리 뇌는 아주 강력한 근육으로 끊임없이 결정을 내리는 일을 하고(하루 평균 3만 5,000건 정도) 쉴 새 없이 주위 환경으로부터 자극을 받는다. 결정을 내려야 할 때 잠깐 뇌를 쉬게 하는 것은 해파리 몸체의 '수축' 주기와 비슷하다. 실제로, 휴식을 취하지 않으면 생산성과 집중력이 떨어지는 것은 말할 것도 없고 불안과 번아웃을 겪을 확률도 높아진다.

산책하든 일하는 공간을 청소하든 잠깐 쉬거나 휴식을 즐기는 시간은 머릿속을 비우도록 도울 뿐만 아니라 휴식 후 바로 일하는 능력도 끌어올린다. 그리고 주목해야 할 사실! 해파리는 휴식 시간에 인색하지 않다. 휴식은 그들의 전진 과정에 꼭 필요한 부분이기 때문이다. 해파리를 본받기 위해서는 휴식 시간을 정해두고 일정을 짜는 것이 좋다. 일하는 것과 마찬가지로 휴식도 효율적으로 취하기 위해서다. 직장에 나가 있는 동안 30분에서 60분 정도 짧은 산책을 하면 심신에 모두 좋다. 만약 바쁜 일과 중에 산책이 가능한 옵션이 아니라면 20-20-20 규칙을 시도해보자. 20분마다 20초간 컴퓨터 화면으로부터 20피트(약 6미터) 떨어진 곳을 바라본다. 우리 눈이 쉴 수 있도록 말이다!

마땅히 누릴 자격이 있어도 휴가를 갈 상황이 안 된다? 그런 경우엔 우리의 정신이 새로운 경험을 할 때 긍정적으로 반응한다는 사실을 기억하자. 동네에서 늘 걷던 길 대신 다른 경로를

택하거나 마음을 설레게 할 막간의 즐거움을 일정에 끼워 넣음으로써 일과 중에 '더 나은' 휴식을 취해보는 것이다. 잠깐 짬을 내어 제일 좋아하는 간식을 먹거나 점심시간에 친구를 만나는 것. 몸과 마음이 진정 편안함을 느낄 수 있는 시간을 만드는 것은 일하는 것만큼이나 중요하다.

겸손한 해파리에게서 배우는 지혜
잠깐의 휴식 없인 앞으로 나아갈 수 없습니다.

원숭이도
나무에서 떨어진단다!

버빗원숭이

남아프리카가 고향인 버빗원숭이는
과학자들이 '경보 소통 체계'라 부르는
신호 체계로 유명하다.

인간과 다를 바 없이 버빗원숭이들도 메시지를 전달해야 할 때면 입으로 큰소리를 내어 다양한 소음을 만들어낸다. 특히 "조심해, 포식자가 나타났어!"와 같은 목숨이 달린 정보를 전달해야 할 때 이들은 위협 대상인 포식자의 유형에 따라 각기 다른 괴성을 질러 경고를 보낸다. 뱀이야? "나무로 올라가!" 독수리라고? "덤불에 숨어 엎드려!"

특히 흥미로우면서도 유용한 점은 이 원숭이들이 어른 원숭이와 어린 원숭이의 말을 받아들이는 방식의 차이다. 어린 원숭이가 경고를 발령한 경우, 다른 어른 원숭이가 어린 원숭이의 메시지를 확인해줄 때까지 무리는 일단 기다린다. 비판적이고 편견을 가진 태도로 보이는가? 그렇지 않다. 어린 버빗원숭이들은 아직 언어를 완벽하게 익히지 못한 상태이므로 실수로 경고 신호를 바꿔서 보낼 수 있는데 그러면 무리 전체에 치명타를

입힐 수 있다. 뱀이 나타났는데 어린 원숭이가 나무로 안전하게 대피하라는 말 대신 땅으로 도망치라는 말을 했다면 어떻게 될지 상상해보라.

버빗원숭이 무리는 어린 원숭이에게 화를 내는 대신 실수도 배움의 과정으로 이해하고, 결정을 내리기 전에 반드시 상의하는 과정을 거친다. 이런 시스템은 원숭이들이 실수를 어느 정도 용납할 수 있게끔 해준다. 대부분의 인간들이 아직 미숙한 부분이다.

가장 최근에 실수해서 스트레스를 받은 기억을 떠올려보자. 열쇠를 잃어버렸을 수도 있고, 제때 월세 내는 걸 깜빡했을 수도 있으며, 비행기에서 "뱀이다!"를 외쳤을 수도 있다. 이 괴로운 시간에 우리의 머릿속을 오가는 대화는 가혹할 때가 많다. 실수를 저질러버린 상황에 대해 마음속으로 자기 자신을 질책

하기가 가장 쉽기 때문이다.

'난 너무 멍청해.'
'이래서 직장에서 다들 나한테 짜증을 내는 거야.'
'다들 날 우습게 볼 거야.'

말이 좀 심한가? 하지만 잘못된 선택을 한 다음에는 누구나 이 비슷한 생각을 해본 적이 있을 것이다. 작은 사고를 친 뒤 분노나 좌절감을 표출하는 것은 지극히 정상적이다. 하지만 그런 감정을 제대로 가라앉히지 못했을 때는 진짜 문제가 생긴다. 실수에서 헤어 나오지 못하면 배울 수도 없고 앞으로 나아갈 수도 없다.

만약 어린 버빗원숭이들이 무리에게 경고 보내는 일을 연습

마음속 대화 예시

'난 너무 멍청해.'

'이래서 직장에서 다들
나한테 짜증을 내는 거야.'

'다들 날 우습게 볼 거야.'

하지 못하게 된다면 후에 심각한 결과가 일어날 수 있다. 그러나 어른들로부터 재량껏 연습해볼 기회를 얻은 어린 원숭이들은 어른이 되어 서로 위험을 알려야 할 때 꼭 필요한 기술을 발전시킬 수 있다.

실수의 아픔을 줄일 수 있는, 단순하지만 효과적인 방법은 중요한 진리를 기억하자. 모든 실수는 배움의 기회라는 것. 그리고 실수는 누구나 한다는 것! 누군가의 이름을 잘못 부른다거나 휴대폰을 잃어버리면 그 순간에는 기분이 정말 별로다. 하지만 당신이 인류 역사상 그런 실수를 처음 한 인간은 아니다. 버빗원숭이들은 실수했을 때 서로 공감하며 그로부터 배울 수 있도록 돕는다. 우리도 버빗원숭이를 닮아보기로 하자.

자기 돌봄은 자기 자신에게 친절할 때 가능하다. 그리고 내가 실수했을 때 스스로 가혹하게 비난하지 않아야 다른 사람들의 실수를 용서하기도 훨씬 쉬워진다. 그러니 다음번에 당신, 혹은 동료가 프레젠테이션을 망치거나 실수로 메일의 참조인 모두에게 답장을 (또) 보냈다면 공감 카드를 꺼내 들고, 열린 마음으로 그 실수로 배울 수 있는 것이 무엇인지 생각해보기로 하자.

노련한 버빗원숭이에게서 배우는 지혜

실수는 누구나 할 수 있습니다.

실수가 나를 규정짓게 하지 말고

내 스승이 되게 하세요.

액소로틀

동물의 왕국을 통틀어
아마도 가장 친근하게 생긴
양서류라 할 만한 친구를 소개한다.
그 이름은 바로, 액소로틀.

아 파루파라는 이름으로도 익숙한, 아즈텍족의 번개와 죽
음의 신 '솔로틀Xolotl'에서 이름을 따온 액소로틀의 뜻은
'물 괴물'이다. 하지만 실제로 액소로틀은 '물 곰돌이'에 더 가깝
게 생겼다. 액소로틀은 한때 고대 아즈테카 왕국이 세워졌던 곳
에서 멀지 않은, 멕시코시티를 둘러싼 호수에 서식한다. 심각한
Critically Endangered, CR 멸종 위기 등급에 속해 있고 야생에서 만나기
매우 희귀한 상태인 이 작은 도롱뇽은 자연이 만든 아주 특이
한 생명체로, 사람들에게 큰 사랑을 받고 있다. 유형성숙(성숙한
동물에게 어린 얼굴이 있음-옮긴이)의 결과인 사랑스러운 아기 얼
굴을 가진 이 촉촉한 생명체는 성체가 된 이후에도 올챙이 같은
모습을 유지하고 있다. 영원히 강아지의 모습을 한 개를 상상하
면 된다!

불로의 샘에 빠져 있다는 것 말고도 이 유형성숙 도롱뇽은 몸

액소로틀 한 마리가
잃어버린 신체 부위를 얼마나
자주 재생할 수 있을까?
과학자들도 아직 그 한계점이
어디인지 밝혀내지 못했다.

의 어느 부분이든 재생할 수 있는 놀라운 능력이 있다. 액소로틀의 이 능력은 꼬리, 팔다리, 심지어 척수 일부에서부터 뇌, 심장, 그리고 기타 장기에까지 이른다. 인간의 경우, 팔다리가 잘리면 기껏해야 피부 조직으로 상처 부위를 씌우는 것이 몸이 보이는 반응이다. 그에 반해 액소로틀의 몸은 세포를 줄기세포로 변형시키는데 이는 피부, 뼈, 팔다리 전체, 그리고 정맥 재생이 충분히 가능한 세포다. 액소로틀은 매번 절단된 몸 일부를 완벽하게 재생할 수 있다는 의미다. 액소로틀 한 마리가 잃어버린 신체 부위를 얼마나 자주 재생할 수 있을까? 과학자들도 아직 그 한계점이 어디인지 밝혀내지 못했다.

비록 우리 인간들에겐 몸 일부를 재생할 수 있는 미친 능력은 없을지 모르나 심리학자 캐롤 드웩 교수의 '성장 마인드셋mind-set'을 기른다면 다른 종류의 성장을 시도할 수 있다. 드웩 교수에 따르면 사람들을 '고정' 마인드셋과 '성장' 마인드셋 두 가지로 분류할 수 있다고 한다. 우리의 능력과 특성이 바뀔 수 없거나 선천적으로 '타고난' 재능과 관계가 있다고 믿는 사람은 자신을 고정 마인드셋으로 보는 것이다. 반면 재능과 기술이 노력과 연습을 통해 습득되는 것이라 믿는 이는 성장 마인드셋을 가진 사람이다. 성장 마인드셋을 가진 사람이 더 많이 성취하는 이유는 그들이 지성을 습득할 수 있다고 믿고, 실수나 지식의 부족을 결함이라기보다 배움의 기회로 보기 때문이다.

다행스럽게도 고정 마인드셋을 가진 사람이라도 변화를 원하는 마음만 있다면 성장 마인드셋으로 간단히 전환할 수 있다. 새로운 기술이나 습관을 내 것으로 만드는 일은 벅찬 일일 수밖에 없다. 그러나 그 과정을 작은 단계로 나누기 시작하면 이야기가 달라진다. 매일 일찍 일어나려고 노력 중인가? 이 목표에 고정 마인드셋으로 접근한다면 이런 변명을 만들어낼 수 있다.

"나는 아침형 인간이 아니야. 결국 비참한 기분만 들 거야."

그러나 성장 마인드셋으로 이 목표에 접근한다면 좀 더 쉽게 느껴질 뿐만 아니라 실현 가능성도 높아진다! 더 일찍 일어나는 과정을 단계별로 쪼갤 때 적당한 시간에 잠자리에 드는 것부터 당신을 설레게 하는 무언가를 기대하며 눈을 뜨는 것까지 포함한다. 새로 장만한 고급 브랜드의 커피나 새 옷 같은 것 말이다. 성장 마인드셋을 받아들이면 약점들을 인정하고 그 지점에서부터 자신을 훈련해나가는 시도를 할 수 있다. 바꿀 수 없기 때문에 약점을 인정하는 것과는 다른 자세다.

팔다리를 잃는 역경도 극복 가능하다는 것을 보여주는 액소로틀은 일상 속 성장 마인드셋의 본보기가 되어준다. 우리 삶에서도 비슷한 걸 맛보기 위해선 '아직은… 가는 중이야'라는 주문을 마음속에 품어야 한다. 성장 마인드셋을 채택할 때의 핵심은 내가 가고 싶은 지점에서 눈을 떼지 않는 것이다. 지금 당장은 아니더라도 언젠가는 그곳에 도달하리라 생각하는 것, 비록 오늘은 액소로틀이 팔다리를 하나 잃었을지 몰라도 내일은 다시 자라날 수도 있다는 것. 간단히 말해서 아직 자라는 중이라는 것을 기억하자. 가고 싶은 곳으로 가려고 노력하지 않는다면 성공할 기회조차 허락하지 않는 것이다. 그런 삶에 무슨 재미가 있을까?

낙천적인 액소로틀에게서 배우는 지혜

자라날 기회는 언제나, 어디에나 있답니다.

새우

~~~~~~~~~~~~~~~~~~~~~~~~~~~~~~~

이 작디작은 생명체는
우리가 볼 수 있는 것보다
훨씬 많은 것들을 갖고 있다.
그래서 배울 것도 아주 많다.

새우가 낡은 비늘을 먹어 물고기들을 청소해준다는 사실은 아는 사람들도 더러 있겠지만 그 외에도 새우는 많은 사람들의 편견과는 완전히 다른 생명체다.

바다에 사는 2,000여 종 이상의 새우 중에서도 가장 매력적인 새우는 갯가재(사마귀새우)와 딱총새우라고 할 수 있다. 갑각류 가족 중에 가재, 게와 친척뻘 되는 새우는 모두 단단한 외골격을 갖추고 있다(좀 더 먼 친척인 곤충들처럼). 혹시라도 동물 상식 퀴즈 대회에 참석할 일이 생긴다면 이 점을 꼭 기억하기 바란다.

갯가재

만약 바다에서 연감을 간행하며 그해 각 분야 최고를 선정해서 싣는다면 '베스트 드레서'는 무난하게 갯가재 차지가 될 것

'새우'라는 말을 들으면
다음 두 가지 중 하나가 떠오를 것이다.

1. 볶음요리에 들어있는, 동그랗게 말린
작은 분홍색 바다 생물
2. 체육시간에 100미터도 간신히 달리는
작은 아이(음, 제 얘기는 절대 아니고요)*

* '새우'는 작거나 보잘것없는 사람을 뜻하는 속어-옮긴이

이다. 믿기 어려울 정도로 멋지게 생겨서 그저 바라보기만 해도 좋은 이 가재의 화려한 외모 뒤에는 난폭한 공격성이 도사리고 있다. 갯가재는 다리의 형태에 따라 두 가지 유형으로 나뉘는데, 이 둘은 이름마저도 퀴디치 경기의 공격수와 같다. 이름하여, 작살과 박살.

갯가재 중에 '작살종Spearer'의 앞다리에서는 가시 박힌 창과 같은 부분이 뻗어 나오는데 몸이 물렁한 먹이가 사정권 안에 들어오면 이 부분을 이용해서 재빠르게 찌른다. 하지만 이 점이 갯가재가 동물의 왕국에서 이름을 떨치는 이유는 아니다. 그 영예는 앞다리 끝이 뭉툭한 곤봉처럼 생기고 덩치도 더 큰 '박살종Smasher'의 것이다. 이 가재는 먹이가 가까이 오면 800마이크로초의 속도로 때리는데, 이 속도로 먹이를 300번도 넘게 내리칠 수 있다. 인간이 눈 한 번 깜빡이는 사이에 일어나는 일이다.

이 강타 속도는 갯가재가 거의 1,500뉴턴(한 번의 충격당 대략 153킬로그램 힘의 물리력)의 힘으로 집게발을 내리칠 때 생길 수 있는 손상에 비하면 귀여운 수준이다. 이 갯가재가 한 번 떴다 하면 게, 다른 새우들, 해양 벌레들을 모두 포함해서 해저 표면에 사는 그 어떤 작은 생명체도 가망이 없다. 갯가재의 이 힘과 어마어마한 속도를 합치면 갯가재가 수족관 유리를 뚫고 탈출한 사건이 여러 차례 있었던 이유를 이해하고도 남는다. 이런 이유로 수족관에서는 이것을 특수한 환경에 따로 배치하거나 아예 야생으로 돌려보낸다.

이 모든 동작이 우리의 손 하나 크기(10센티미터)인 존재가 만들어내는 것이므로 여기엔 엄청난 물리학이 개입한다. 수중에서 이 정도의 힘과 속도를 내는 강타는 물과 갯가재의 집게발 사이에 공동 기포Cavitation bubble*를 일으킨다. 이 강렬한 압력 때

---

* 전반적으로 낮은 압력의 액체에 엄청난 압력이 가해졌을 때 생기는 물방울

문에 물속의 거품은 끓어오르고 갯가재의 집게발은 엄청난 힘의 펀치를 날린다. 설령 먹이가 공격에서 살아남는다고 해도 쇼크 상태에 빠지거나 이 가압된 캐비테이션 기포가 만든 끓는 물에 노출되어 죽을 수밖에 없다. 이 엄청난 장관의 유일한 부작용이랄까.

세계에서 가장 빠른 발차기 디펜딩 챔피언, 갯가재는 저녁 식탁 따위에나 올라갈 존재가 아니다.

딱총새우

물리적 접촉 전혀 없이 먹이를 죽이거나 기절시킬 수 있는 능력을 상상해보라. '음파 사냥sonic hunting'이라 불리는 흡사 마법 같은 이 기술의 거장이 바로 딱총새우다. 다른 한쪽보다 우스꽝스러울 정도로 더 큰 한쪽 집게발은 대략 시속 100킬로미터에 달하는 총알 같은 기포를 쏘아낸다. 1~2밀리미터 반경 안에 있는 생물에게만 영향을 주지만, 바로 그 점 때문에 탱크에 잡아두거나 아주 가까이에서 연구하기가 곤란하다.

이름에서 알 수 있듯이 딱총새우가 집게발에서 기포를 발사할 때 만드는 소리는 이 새우에게 지구상에서 가장 시끄러운 생명체 중 하나라는 타이틀을 안겨주었다. 영어로는 '권총새우Pistol shrimp'라 불리는 이 새우가 수중에서 내는 소리는 200데시벨까지 측정된다. 지상에서 울리는 총성 150데시벨과 비교해보라. 이 소리는 딱총새우가 '발사'하는 총알 같은 기포에서 나온다. 기포가 엄청나게 높은 압력에서 형성되었다가 터질 때 강렬한 소음을 발생시킨다. 딱총새우는 귀청이 터질 듯한 소리만 만들어내는 게 아니라 뜨겁게 달구어진 펀치도 날린다! 갯가재와 비슷하게 딱총새우의 기포 총알도 터지면서 음발광

Sonoluminescence이라는 빛을 쏘아낸다. 음발광은 기포에서 지극히 커다란 소리뿐만 아니라 지극히 높은 온도가 함께 방출된다는 의미를 가진 용어다. 방출되는 온도가 어느 정도로 높은가 하면, 기포가 발사될 때 달하는 섭씨 4,700도는 태양의 표면보다 약간 낮은 정도다.

2차 세계대전 때 미 해군에서 딱총새우의 서식지를 찾아내어 잠수함을 그 근처에 배치했다는 사실은 이 새우가 만드는 소음이 어느 정도인지 더 쉽게 이해할 수 있게 해준다. 딱총새우 군단이 만들어내는 소음은 음파탐지를 방해하기 때문에 해군 잠수함을 염탐하거나 신호를 가로채려는 적들로부터 잠수함을 숨기는 데 도움이 됐다.

소음, 열, 그리고 속도. 딱총새우는 음파 사냥의 진정한 제왕이다.

작다고 얕보지 말 것

이제 새우가 우리 모두에게 어마무시하게 무서운 존재가 되었으므로 학교 운동장의 조롱거리를 '새우'라고 부르는 행태는 재고할 필요가 있겠다. 나는 지금 새우라는 이름의 위엄을 되찾으려는 게 아니다. 우리 인간들이 크기와 영향력을 얼마나 쉽게 동일시하는지 생각해보려는 것일 뿐이다.

어떤 생물이나 사람의 물리적 크기가 그들의 가치를 정의하지 않는다는 걸 이제 많은 사람들이 이해하고 있지만 정작 자기가 하는 일에는 그 논리를 적용하지 못하는 사람들이 아직 제법 많다. 우리 새우 친구들은 비록 작지만 그들의 동작은 문자 그대로 다른 생명체들을 기절시키거나 그보다 더한 결과를 초래한다.

최근에 우리 자신이, 혹은 주위의 누군가가 이런 말을 한 적이 있는가?

"괜찮아, 이번 한 번만인데 뭐."

다이어트 식단을 어기거나, 깡통 하나를 재활용으로 분리하지 않거나, 담배를 한 대 피우면서 말이다. '이번 한 번만'이라는 말을 듣거나 함으로써 몇 주간, 심지어 몇 달간 계획하고 노력해온 것들이 급정거해 끝나버릴 수 있다. '이번 한 번만'이란 말은 짧은 표현이지만 거대한 파급효과를 일으킬 수 있는 말이다.

뒤집어 생각하면, 친구나 남을 돕는 사소해 보이는 행동도 그들의 기분(심지어 습관까지도!)에 생각보다 훨씬 오랫동안 영향을 줄 수 있다. 커피를 한 잔 사거나, 한 번 안아주거나, 귀를 기울여 들어주는 것. 이런 것들은 그저 '좋은' 일이기만 한 것이 아니다. 상대방이 자신이 가치 있는 사람이라고 느끼게 해주는 일들이다. 게다가 이런 행위는 이타적이기만 한 것도 아니다!

다른 이들을 친절하고 너그럽게 대할 때 우리의 기분과 전망도 함께 좋아진다는 걸 증명하는 연구 결과는 계속 있었다.

칵테일새우처럼 작은 존재든 아니든, 우리는 우리를 둘러싼 세상에 영향을 줄 수 있답니다.

무시무시한 새우에게서 배우는 지혜

당신의 잠재적 영향력은 크기와는 아무 상관이 없어요.

오직 어떤 포부를 품느냐에 따라 달라질 뿐입니다.

기생충

자연 속 가장 비밀스러운 활동가이자
가장 엉큼한 생물체를
우리는 거의 모든 기후와 지역에서
찾아볼 수 있다.

다른 종의 숙주 유기체에 붙어서 살아가는 생물체라 정의되는 기생충은 숙주에게서 양분을 빼먹으며 살아간다. 숙주의 행동에 변화를 주거나 장기(뇌까지 포함해서)를 완전히 조종하는 능력이 있는 기생충은 물고기, 바이러스, 곤충, 심지어 박테리아 등의 다양한 형태로 활동한다.

톡소포자충

정신을 조종하는 유기체에 이보다 더 잘 어울리는 이름이 있을까. 톡소포자충은 세계에서 가장 흔히 발견되는 기생충 중 하나다. 박테리아의 친척뻘인 원충계의 단세포 미생물인 톡소포자충은 전 세계 인구의 삼분의 일을 감염시킨 것으로 추정된다.

잠깐, 지금 손 소독제를 원샷하려고 한다면 재고하기를 바란다. 그 이유는 다음과 같다.

뇌에 영향을 주는
희귀한 기생충이 인간에게
침투하는 경우는 드물다
(굳이 잠자리에 들기 전에
갈고리촌충을 검색하진 마시고).

1. 손 소독제를 마시는 것은 치명적일 수 있다.
2. 정상적인 면역 체계를 갖춘 사람들에게 톡소포자충증은 유해하지 않다(임신한 경우 제외. 태아에게는 해가 될 수 있다).

그러나 만약 당신이 쥐라면 이 책을 읽고 있다는 것도 놀라운 일이지만, 당신은 이 평범한 공공의 적의 손에 범상치 않게 죽을 수 있다. 건강한 쥐는 보통 고양이 소변 냄새를 피하고 두려워하지만 톡소포자충증에 걸려 내부 기생충에 조종당한 쥐들은 그 냄새에 은근히 끌리게 된다. 그렇다. 톡소포자충은 무력한 설치류들의 기본적인 두뇌 작용을 개조해버린다. 감염된 쥐들은 고양이들이 소변을 본 곳을 더 이상 피해 다니지 않기 때문에 결국은 고양이들이 자주 배회하는 곳에 가게 되고, 배고픈 고양이들에게 간편한 간식이 될 수밖에 없다.

톡소포자충의 여정은 거기서 끝나지 않는다. 다른 모든 기생충들처럼 톡소포자충은 오직 성장과 번식이라는 목적을 위해 다른 유기체를 감염시킨다. 고양이의 소화 체계에 도달하기 위해 쥐를 집중적으로 공략하고 고양이의 소화 기관 안에서 성공적으로 번식한 뒤 고양이의 배설물을 통해 밖으로 빠져나온다.* 심지어 쥐는 종종 톡소포자충에 감염된 고양이의 똥을 먹고 (우웩), 기생충의 삶은 다시 순환된다.

당신의 고양이 친구가 만나는 쥐들은 제발 계속 그들을 두려워하길! 때론 두려움이 이로운 감정이 된다.

모양선충

머리가 긴 친구가 목욕한 뒤 욕조 배수구에 고인 머리카락 뭉치. 딱 그렇게 생긴 모양선충(연가시)의 일종인 파라고르디우

---

* 임신한 여성이 톡소포자충증에 걸리면, 완전한 면역 체계가 형성되지 않은 태아에게 심각한 이상이 생길 수 있다. 따라서 임산부는 고양이 배설물을 피하고 키우는 고양이는 사람 화장실을 쓰도록 훈련하는 것이 좋다. 나는 고양이도 이 정도 훈련은 가능하다고 생각한다.

스 바리우스Paragordius Varius는 대략 10~30센티미터 길이의 가느다랗고 구불구불한 모습이다. 이들은 북아메리카와 남아메리카의 물속에서 발견되는데 포유류에게는 전혀 해를 끼치지 않는다. 그래서 이 기생충이 곤충의 정신을 조종한다는 사실은 더욱 충격적으로 다가온다.

물속에 사는 성숙한 암컷 기생충은 막대기나 바위처럼 단단한 표면 위에 1,500만 개에 달하는 알을 낳는다. 물속에서 부화한 유충은 첫 번째 숙주에게 먹히면 생존한다. 첫 번째 숙주는 대개 간편한 간식을 찾고 있던 모기 유충이다. 이 기생충은 숙주 내부에 달라붙은 다음, 모기가 날아다닐 수 있을 정도로 충분히 성숙해서 물을 떠날 때까지 낭종 형태로 남아 버틴다. 기생충 낭종을 안에 달고 날아다니던 모기는 귀뚜라미나 메뚜기, 혹은 딱정벌레 같은 더 큰 곤충에게 먹히기 마련. 이야기의 주인공은 유쾌한 귀뚜라미다.

기생충 유충은 중간 숙주(모기)가 최종 숙주(귀뚜라미)에게 먹히는 것을 감지하는 놀라운 능력이 있다. 귀뚜라미가 모기를 먹으면 유충은 모기에서 빠져나와 귀뚜라미의 위장으로 들어갔다가 다시 그 위장에서 빠져나와 위장과 외골격 사이에서 살아간다. 그렇다. 이 기생충이란 녀석은 귀뚜라미의 장기와 골격 사이를 자기 집으로 삼는다. 그리고 새로운 집에 정착한 다음 벌레 같은 최종 형태로 자라난다. 때로는 30센티미터까지 길어지기도 한다. 기이한 일이 벌어지는 건 바로 여기부터다. 기생충이 귀뚜라미로부터 양분을 흡수하는 동안 숙주 뇌의 화학 작용을 조종하기 시작하는 것이다. 숙주 체내에 다량의 신경전달물질을 내보냄으로써 기생충은 숙주의 뇌에서 만들어지는 신호를 방해하고 숙주를 완전히 통제한다.

수영을 못 하는 귀뚜라미는 익사하거나 물고기에 잡아먹히지 않도록 물을 피한다. 그러나 기생충에 감염된 귀뚜라미는 물의 유혹을 이기지 못하고 한 치의 망설임도 없이 물속으로 곧장 들어가 빠져 죽고 만다. 기생충에 의해 뇌의 화학 작용이 바뀌어버린 귀뚜라미는 밝은 빛에도 더 끌리고, 그 결과 빛이 반사되는 수면의 유혹에 따라 물속으로 들어간다. 숙주가 물속에 잠겼다는 것을 감지한 기생충은 귀뚜라미의 몸을 뚫고 탈출해서 물로 나오고, 물에서 마저 다 자란 다음 다시 삶의 주기를 시작한다.

혹시 머리가 섬뜩해지는 느낌이 든다면 꼭 그럴 필요는 없다. 귀뚜라미, 혹은 모양선충이 감염시키려고 작정한 생명체가 무엇이든 그들이 반드시 죽는 것은 아니니까! 모양선충이 숙주로부터 빠져나온 다음 귀뚜라미는 아주 희박하기는 하나 모든 게

끝장날 뻔했던 H2O 지옥에서 탈출해 물가로 나올 수 있는 기회가 있다. 삶을 계속 이어가며 심지어 다른 건강한 동료들처럼 짝짓기해서 알까지 낳을 수도 있다. 하지만 대부분의 귀뚜라미들은 물에 빠져 죽음에 굴복하고 만다.

모양선충, 자연의 좋은 분위기에 문자 그대로 찬물을 확 끼얹는 존재랄까.

독성

기생충은 현미경으로 겨우 보이는 것부터 새 크기까지 형태와 크기가 다양하다. 하지만 어떤 모습을 하고 있건 기생충의 유일한 목적은 다른 생명체에서 에너지와 영양분, 그리고 귀중한 자원을 훔치는 것이다. 뇌의 작용을 변형시키는 기생충 중에 인간을 감염시키는 경우가 아주 드물게 존재하긴 하지만(잠자리에

들기 전에 촌충을 검색하진 마시라), 대다수의 사람들은 기생충 감염을 치료해야 할 일이 없다. 그렇다고 해서 우리 일상에 숨어 있는 다른 종류의 유독한 기생충을 상대할 일이 없다는 의미는 아니다.

자기가 필요한 게 있을 때만 날 만나려고 하는 **그 사람**
언제나 컵에 물이 반밖에 안 찼다고 보는 **그 동료**
늘 경쟁하게 만들고 불안감을 심어주는 **그 친구**

경계경보! | 이 세 가지는 기생충 같은 관계의 대표적인 유형이다! 물론 이들이 우리 몸 안에서 자라며 영양분을 빨아먹는 것은 아니지만 이들은 분명 우리 삶에 부정적인 영향을 미치고 있다.

연인, 가족, 심지어 고용주라 할지라도 긍정적인 관계라면 보살핌을 받고, 그 안에서 안전하다고 느껴야 한다. 우리를 불안하게 만드는 것 외에도 유독한 사람들은 교묘한 방법으로 우리에게 영향을 미친다. 그렇다면 그것은 정말 기생충 같은 존재라고 할 수 있을까? 한번 논의해보기로 하자.

이 사람과 시간을 보낸 다음 기분이 나빠진다?

우리 몸에 침투한 기생충이 신체적인 증상을 유발하듯 이 '친구', 혹은 사귀는 사람을 만난 다음 기분이 나빠진다면 그것은 아주 분명한 적신호다. 그러나 한 번이라도 당신의 기분을 울적하게 만든 사람들을 모조리 끊어내겠다고 맹세하기 전에 잠깐 생각해보기로 한다. 때때로 비판받거나 친구의 놀림감이 되는 것이 우정을 끝낼 이유는 아니다. 이 사람과 교류한 뒤 '대부분의 경우' 기분이 나쁘다면 그 관계는 유독하다고 볼 수 있다. 나를 향한 그 사람의 부정적인 행동을 일관되게 변호하고 있는 자신을 발견한다면 그 사람과의 관계를 다시 생각해볼 필요가 있다. 친구나 연인은 우리가 기분 좋게 느끼는 사람들이다! 만약 그렇지 않다면 정리가 필요하다.

나의 결정이 이 사람 마음에 들지 않을까 봐 끊임없이 걱정한다?

당신이 저녁 식사 장소로 고른 식당을 친구가 비판할까 봐 걱정되는가? 옷차림은 어떤가? 그 친구가 차림새를 놀릴 것 같은가? 당신이 읽은 기사가 정말 좋았다고 말하면 그 친구는 또 어이없다는 듯 눈동자를 굴리려나? '괜찮아'라고 당신은 생각한다. 그냥 한번 웃어넘기면 그만이지. 나쁜 뜻으로 그러는 건 아닐 거야, 안 그런가?

틀렸다.

스스로에게 도움이 되는 쪽으로 의문을 제기하는 건 좋은 자세다. 그러나 누군가가 자기가 더 우월하다는 느낌을 얻고 싶어서 주기적으로 당신의 결정을 의심하게 만든다면? 그건 정말 별로다. 당신의 취향, 관심사, 그리고 당신의 사람됨을 결정짓는 선택들. 무엇을 하든 번번이 당신을 비판하는 사람은 진실로 당신 삶에 기생충 같은 사람이다.

내 친구가 가십 대마왕이다?

누군가의 연애나 결혼이 파탄 났을 때 틀림없이, 어김없이 그 소식을 전해주는 친구가 있다면? 누군가가 자리를 뜨기 무섭게 바로 그 사람 험담을 시작하는 사람이 있다면? 그 사람이 바로 가십 대마왕이다.

가십 대마왕의 특징은 누구도 그에 대한 면역력을 갖출 수 없다는 것. 재미 삼아 다른 사람 이야기를 한 공범이 된다는 죄책감을 견디는 것도 힘들지만, 당신이 없는 자리에서 그 친구가 당신 이야기를 하지 않으리란 보장은 절대 없다. 비밀을 누설하는 것은 신뢰할 수 없는 사람임을 알리는 극단적인 지표이고, 친구를 신뢰할 수 없을 때는 시간이나 에너지 같은 귀중한 자원을 그냥 낭비하고 있다고 보면 된다.

기생충 같은 관계, 치료법이 있을까?

다행히도 이런 상황에는 대부분 해결책이 있다. 우선 열린 마음으로 솔직한 대화를 시작하고, 그 과정에서 이 관계를 포기하려

연인, 가족, 심지어 고용주라
할지라도 긍정적인 관계라면
보살핌을 받고, 그 안에서
안전하다고 느껴야 한다.

는 것이 아니라 개선해보려는 중임을 기억한다. 그렇다고 이런 과정이 결코 쉬울 거라는 뜻은 아니다. 당신과 그 사람은 눈앞의 과제를 해결하고 더 건강한 관계로 나아갈 수도 있고, 두 사람의 생각이 다르다는 것을 인정하고 유독한 우정을 끝낼 수도 있다. 두 번째 시나리오가 이상적인 것은 아니지만 당신의 기분을 망치는 사람을 간과했다가는 더 안 좋은 결과를 불러올 수 있다.

구린 데가 있는 기생충에게서 배우는 지혜

누군가 혹은 무언가로부터 조종당하는 느낌을 받거나

지친다고 느낀다면 아마도 그들은 소중한 당신의 일부를

잡아먹고 있는 거예요.

이제는 유독한 관계를 버려야 할 때랍니다.

웜뱃

오스트레일리아에 사는 웜뱃은
기니피그의 더 크고 더 건강한
버전처럼 생겼다.

코 알라의 사촌인 웜뱃은 유대목 동물로 새끼를 낳아 아기 주머니에 6~7개월간 넣고 다닌다. 과학자들은 이 웜뱃에 대한 어떤 사실을 수십 년간 쩔쩔매며 알아내지 못하다가 최근 들어 마침내 밝혀냈다. 바로 이 사랑스럽고, 어찌 보면 별다를 것 없이 평범한 생명체가 세상에 내놓는 어떤 것에 관해서다.

웜뱃 똥의 수수께끼

똥 싸기. 세상에는 이걸 그린 이모티콘도 있고, 우리는 우리의 반려동물과 아이들이 이걸 제대로 하도록 훈련을 시키며, 이 행위에는 20억 달러 규모의 화장지 산업이 달려 있다.

그러므로 과학자들이 웜뱃 똥에 집착하는 것도 이해할 만하다. 어쨌거나 웜뱃은 이 지구상에서 정육면체의 똥을 내놓는 유일한 생명체라는 사실이 밝혀졌기 때문이다. 그래, 맞게 읽었다.

정육면체다. 주사위, 루빅큐브, 위스키 스톤. 이것들은 모두 웜뱃의 똥과 닮은 물건들이다.

그러면 2018년까지 과학자들을 당혹스럽게 만들었던 이 작은 기쁨의 큐브들을 웜뱃은 어떻게 만들어내는 걸까? 원래는 웜뱃의 'X구멍' 자체가 큐브 형태라고 추정돼왔지만 그러나, 음, 그러니까, 더 바짝 붙어 조사해본 결과 그건 사실이 아니었다.

북아메리카의 몇몇 물리학자들이 이 미스터리에 관심을 가졌다. 그리하여 그들에게 오스트레일리아에서 로드킬당한 웜뱃이 배송됐다(그런 택배를 열어본다고 상상해보시라). 물리학자들은 일단 사체를 해부한 뒤 장의 형태를 제대로 관찰하기 위해 장에 공기를 넣어 부풀렸다. 인간이나 돼지의 장을 부풀렸을 때는 보통 둥글고 매끈한, 균일한 형태가 되는데 웜뱃의 장을 부풀리자 형태가 균일하지 않았고 눌린 자국이 뚜렷했다. 오랜 시간 눌려서 형태가 바뀐 베개를 상상하면 된다.

웜뱃의 장 내벽이 균일한 형태가 아니기 때문에 똥이 장을 통과해 나오는 여정을 거칠 때 균일한 압력이 가해지지 않는다. 과학자들이 밝혀낸 바에 따르면 웜뱃의 똥이 정육면체 형태인 이유는 장내의 불규칙한 압력이 똥에 날카로운 모서리를 만든다는 것이다. 정육면체 똥이 그들에게 어떤 이점으로 작용하는지는 아직 완전히 밝혀지지 않았다. 하지만 가장 지배적인 이론은 각진 똥은 둥근 똥보다 덜 굴러다니기 때문에 영역 표시에 더 유리하다는 것이다. 대자연에는 다음 두 가지 진리가 있다. 살아있는 모든 생명체는 번식 능력이 있고 모든 생명체는 똥을 싼다(모낭충 진드기를 제외하고, 하지만 이걸 말하자면 이야기가 너무 길다). 웜뱃의 똥 자체에 특별할 것이 아무것도 없는데도 주목받는 이유는 똥이 어떻게 생겨야 한다는 우리의 보편적인 인식을 바꿨기 때문이다. 하지만 솔직히 말해서 웜뱃의 똥도 결국 같은 똥이다. 독특하게 생긴 똥이라고 해서 마법처럼 갑자기 똥이 아닌 다른 것이 될 수는 없다.

아이디어도 마찬가지다. 우리는 '머리 좋은 사람들'이 아이디어 하나로 세상을 바꾼다는 이야기를 듣기도 하고, '태어날 때부터 창의적'인 사람들이 있다는 말도 종종 듣는다. 이런 생각은 우리에게 도움이 되지 않을 뿐만 아니라 옳은 생각도 아니다! 창의력은 시간이 흐름에 따라 발달하며 특정한 사람 몇몇의 전유물이 아니라는 사실을 증명하는 연구 결과들이 거듭 발표되고 있다. 사람들마다 재능이 똑같다는 뜻이 아니다. 다만 능력이나 재능이라는 것은 발전하고 기르면 어떤 경지에든 도달할 수 있다는 말이다. 우리의 창의적 욕구와 결과물은 우리의 경험과 환경의 산물일 뿐 어떤 특정한 인간들만이 독점한 신비로운 힘이 아니다.

요즘처럼 소셜 미디어의 영향력이 큰 세상에선 많은 사람들의 주목을 받는 사람이나 대상이 진정 획기적이라고 오해하기 쉽다. 요즘 세상은 잡다한 소리들로 정말 시끄럽다. 그런 소리들 때문에 본인의 창의력을 발휘하고 노력하는 일을 방해받을 필요는 없다. 패션 블로그를 시작하는 데에, 혹은 새로운 사업 아이디어를 활용하기에 '재능이 부족'하다고 느끼거나 '매력이 부족'하다고 느낀다고 해도 절대 나 자신을 끊임없이 남과 비교해서는 안 된다는 점을 기억하자. 우리는 모두 선천적으로 창의적인 사람들이다. 창의적인 힘의 비결은 자신에게 자신만의 창의력을 발휘할 수 있도록 허락하는 것이다.

스티브 잡스가 한 유명한 말이 있지 않은가.

"아주 간단한 이치를 발견할 때 삶은 훨씬 더 넓게 확장된다.

당신을 둘러싼, 당신이 삶이라 부르는 모든 것들은 당신보다 똑
똑하지 않은 사람들이 만들어낸 것이다."

사랑스러운 웜뱃에게서 배우는 지혜
우리는 모두 똥을 창조하죠.
당신만의 아이디어로 어떻게 빚어내느냐에 따라
당신의 똥도 놀라운 것이 될 수 있습니다.

나무늘보

나무늘보는 동물의 왕국에 사는
포유류 중에
가장 느린 것으로만 유명하다.

우리가 나무늘보를 언급할 때는 대개 게으름에 관해 이야기할 때거나 느림보 거북이보다 창의적인 표현을 찾고 싶을 때 정도일 것이다.

나무늘보는 하루에 평균 37.5미터를 이동한다. 1분당 2미터가 좀 안 되는 거리다. 비교를 해보자면, 인간은 1분당 평균 약 80미터, 친애하는 우리 나무늘보 친구보다 45배 빠른 속도로 이동한다. 이런 숫자만 놓고 보면 나무늘보의 모양새가 썩 좋지 않지만, 나무늘보의 속도는 접어두고 이 친구의 라이프 스타일을 잘 들여다본다면 이 느려터진 동물에게 훨씬 더 많은 무언가가 있음을 알 수 있다. 진화 과정을 통해 나무늘보는 본인의 역량으로 가능한 최대치의 수명을 보장하는 선에서 이 지구 위를 대략 6,400만 년 동안 (그 누구보다 느린 속도로) 방랑해왔다.

동물들 중에서 대사율이 가장 낮은 나무늘보. 음식을 완전히 소화하는 데 한 달 이상 걸리는 이 친구는 헤엄을 더 잘 치기 위해서 고의로 신진대사 속도를 늦출 수 있다. 이렇게 하면 필요할 때는 수중에서 40분까지도 숨을 참을 수 있다. 그뿐만 아니라 나무늘보의 느린 속도는 곰팡이류나 진드기, 나방, 심지어 일부 해조류에게 살아있는 생태계* 역할을 해주고, 나무늘보도 그 덕분에 감쪽같이 위장되어 포식자로부터 자신을 보호할 수 있다.

전자기기들을 배터리 절약 모드로 전환하면 화면 밝기를 최대치로 키웠을 때보다 성능은 다소 떨어지지만, 우리의 자원을 아끼기 위해 때로는 성능을 낮추는 일도 필요하다. 종일 전력 투구하는 것도 대단한 일이지만 그렇게 하면 연료 소진은 시간 문제다. 물론 나무늘보는 느리게 살아야 할 운명이라 느리게 살지만, 인간에게는 속도를 늦추는 것이 그리 간단한 문제는 아니다. 인간 세상에선 연차를 내거나 초대를 거절하는 데에 오명이

---

* 과학자들이 나무늘보 한 마리의 털 속에서 발견한 생명체만 900종이 넘는다.

따라붙는다. 인스타그램 피드에선 긴 낮잠을 자거나 마스크 팩을 붙이는 것도 '자기 돌봄'이라 주장하지만, 진정한 배터리 절약 모드의 혜택을 누리기 위해선 그런 단편적인 해결책 이상의 무언가가 필요하다. 다음은 삶의 속도를 늦추고 소중한 우리의 배터리 수명을 아끼는 방법들이다.

명상

명상이 정말 좋은 이유는 지금도 당신의 머릿속을 어지럽히고 있을 과다한 생각들에서 벗어나 다른 무언가에 집중하는 데 도움이 되기 때문이다. 명상이라고 꼭 인플루언서들이나 일명 '구루Guru'라는 영적 스승들이 주장하는 진부한 뉴에이지 스타일일 필요는 없다. 침대, 혹은 마음을 차분하게 가라앉혀주는 곳에 10분 동안 그저 가만히 앉아만 있는 것으로도 명상이 주는 혜택을 누릴 수 있다.

명상을 시작하려면 의자든 바닥이든 일단 진정 편안함을 느끼는 자리를 찾아야 한다. 손을 어디 둬야 하는가 같은 디테일은 신경 쓰지 않아도 된다. 사진을 찍자는 게 아니다. 가장 중요한 포인트는 편안함을 느끼는 것이다. 타이머로 10분을 맞춰놓고 오직 호흡에만 집중해보자. 눈은 떠도 되고 감아도 좋다. 다시 말하지만, 당신이 편안하고 느긋해질 수 있는 장소나 자세 등을 찾는 일이 가장 중요하다.

일주일간 매일 10분씩 명상하는 것을 도전 과제로 삼아보자. 첫 주가 마무리될 때쯤 차이를 느끼기 시작할 것이다. 장기간 이렇게 하면 명상 수련이 집중력을 개선해줄 뿐만 아니라 우리 몸의 정신적 기운을 우선순위로 삼아 따를 수 있게 된다. 나무늘보에게 배워 마땅한 진리다.

화면 중독 다스리기

10분이란 시간을 길다고 느끼는 사람은 별로 없을 것이다. 10분 동안 휴대폰을 만지지 못하게 하기 전까진 그렇다. 한번 시도해보시라. 휴대폰 타이머로 10분을 설정해두고 다른 방에 가져다 놓아보자. 아마 3분도 되기 전에 기분 나쁜 불안감이나 모두가 누리는 좋은 기회를 혼자 놓칠까 봐 걱정하는 포모증후군을 느끼기 시작할 가능성이 높다.

전자기기들의 이점은 우리를 세상과 연결해주는 것이지만 너무 과도하게 연결해두는 것이 문제다. 잠들기 전에 별생각 없이 인터넷 서핑하는 것을 우리는 '휴식'이라 생각하지만 그런 습관은 사실상 쉬어야 할 시간에 뇌를 과도하게 돌리는 행위이고 심각한 수면 문제, 장기적으로는 불안감의 원인이 될 수 있다.

스스로에게 휴대폰 없이 의식을 자유롭게 놓고 잠들 수 있는

스스로에게 휴대폰 없이
의식을 자유롭게 놓아주고
잠들 수 있는 기회를 주자.

기회를 주자. 느긋하게 마음을 풀어놓고 문자나 이메일에 즉각적으로 답하려고 하지 않는다. 지금 뜬금없이 이상한 게 궁금해서 인터넷 검색을 해보고 싶은가? 나중에 알아봐도 큰일 나지 않는다. 종이에 메모해두어도 좋다. 도저히 가만히 있을 수가 없고 뭐라도 해야겠다고 느끼는가? 그럴 때는 산책을 해보자. 산책 역시 불안감을 느낄 때 우리가 뇌에 제공할 수 있는 가장 좋은 치유 방법 중 하나다.

느림보라는 오해 속에 사는

나무늘보에게서 배우는 지혜

느린 속도는 약점이 아니에요.

당신의 수명이 그 속도에 달려 있다면 특히나 그렇습니다.

잘난 척하기는!

굴

위대한 진주의 어머니!

이 가진 가장 큰 명성은 그들이 만들어낸 우윳빛 보석으로부터 얻은 것이지만, 사실 물속에 사는 이 생명체는 그보다 더 큰 역할로 생태계에 이바지하고 있다. 굴은 시간당 5리터의 물을 정화하며 깨끗한 바다를 만드는 데 조력한다.

고대 힌두 문헌 속 신들이 치장하는 값진 보석 중 하나인 진주의 명성은 수천 년의 세월을 거슬러 올라간다. 현대사에서도 진주는 우아한 드레스를 수놓고 왕족의 목과 왕관을 장식해왔다.

진주가 만들어지는 생물학적 작용은 특별히 호화롭지는 않지만 나름의 방식으로 우아하다. 우선, 진주 형성 과정에 대한 흔한 오해 몇 가지를 해소해보자.

1. 굴은 진주를 생산하는 유일한 생명체가 아니다. 소라고둥, 조개, 홍합, 전복같이 껍질을 갖춘 연체동물은 모두 진주를 만

든다. 그러나 인류는 이들이 생산하는 진주는 굴이 만들어내
는 자연산 진주보다 훨씬 가치가 낮다고 생각해왔다.

2. 진주는 굴에 침투하는 모래알에 의해 만들어지는 것이 아
니다.

2번의 내용을 좀 더 자세히 설명하자면, 모래알이 있어야 굴
이 진주를 만들기 시작하긴 하지만, 모래 그 자체 때문에 진주
가 만들어지는 것은 아니다. 진주는 굴의 외투막 일부가 손상되
면서 형성되기 시작한다. 외투막이란 굴의 내부를 감싸고 있는
부분으로, 굴 껍데기를 열었을 때 굴의 가장자리, 그러니까 굴
이 껍데기 내벽에 맞닿는 바로 그 부분이다.

진주는 굴 내부의 면역반응으로 형성된다. 외부 공격에서부
터 유기물에 침투하는 기생충에 이르기까지, 무엇이든 외투막

판단이 잘 서지 않을 땐
굴이 하는 대로 해보자.
계속 헤엄쳐나가는 거다.

에 상처를 입히는 것은 진주의 형성을 촉발할 수 있다. 이는 우리 얼굴에 돋는 여드름이 박테리아나 기름, 혹은 이물질이 있는 지점으로 돌진하는 백혈구 세포에 대한 반응인 것과 비슷한 현상이다. 외투막 손상을 감지하는 순간, 굴은 진주층 혹은 자개로 알려진 아라고나이트와 콘키올린 조합을 분비하기 시작한다.

굴은 상처가 난 부분 혹은 기생충을 마치 나무가 나이테를 두르듯 한 겹 두르고, 그 위로 또 한 겹, 그 위로 또 한 겹, 그 위로…. 뭐, 이 정도면 다 알아들으셨을 듯하다. 굴은 조그마한 덩어리가 만들어지고 손상된 부위를 완전히 감쌀 때까지 계속해서 덮어나간다. 그리고 몇 년에 걸쳐 그 과정을 이어가던 굴을 발견한 인간이 안쪽을 들여다보고 굴의 상처 부위를 둘러싼 진주층이 만든 작은 알갱이, 즉 진주를 찾아내는 것이다.

굴은 고통이나 어려움을 통해 아름다운 무언가를 창조해낼 수 있다는 걸 보여준다. 사랑하는 사람의 상실, 혹은 건강의 위기처럼 살아가면서 힘든 시기와 맞닥뜨리면 도망치고 싶은 마음이 생길 수 있다. 그러나 그런 일이 미래에 어떤 의미가 될지 생각해보고 이해해보려고 하는 자세가 중요하다.

심리학자들에 따르면, 역경을 경험한 사람들은 어려움에 대처해나갈 전략을 익힐 수 있고, 따라서 같은 곤경에 처했을 때 역경을 한 번도 겪지 못한 사람들보다 쉽게 극복할 수 있다고 한다.

물론, 사람이 '긍정적인 마음'을 잃지 않으면서 감당해낼 수 있는 역경에는 분명 한계가 있다. 치명적인 기생충은 진주가 아니라 굴의 죽음이라는 결과를 초래할 수도 있다. 우리가 영구적인 손상을 입기 전까지 감당할 수 있는 역경의 이상적인 숫자 같은 건 어차피 존재하지 않는다. 그러므로 판단이 잘 서지 않을 땐 굴이 하는 대로 해보자. 계속 헤엄쳐나가는 거다.

굴에게서 배우는 삶의 주옥같은 지혜

아름다움은 종종 역경 속에서 피어납니다.

새

오, 새다! 아니, 비행기다!
아닌가… 아, 새였구나.

대략 18,000여 종의 새가 존재하는 이 세상에서는 비행기보다 새와 마주칠 확률이 더 높다. 새는 우리가 어릴 때 처음으로 친근감을 느끼는 생명체 중 하나다. 새들에겐 깃털이 있고, 대부분 날 수 있고, 부리도 있기 때문이다. 새는 우리가 바깥에 나가면 지저귀며 반기고, 알록달록한 색상의 반려동물이 되어주기도 하며, 때때로 우리의 저녁 식탁에 올라오기도 한다. 펭귄에서부터 앵무새에 이르기까지 조류에는 서로 엄청나게 다른 종이 있는가 하면, 서로 차이가 거의 느껴지지 않는 종도 있다.

큰까마귀

이 새는 영어로 레이븐 Raven이라고 하는데 볼티모어 미식축구팀(볼티모어 레이븐스)의 마스코트 같은 새를 말하는 게 아니고 에드거 앨런 포의 뮤즈였던, 바로 그 새 이야기다. 똑똑하고 사

회성 좋기로 유명한 큰까마귀는 J. K. 롤링이 그 새로부터 호그와
트 기숙사 이름을 따왔을 정도로 무척 노련한 새다. (해리포터의
세상에서 레이븐클로Ravenclaws는 이름을 따온 새만큼이나 지적
이고, 창의적이며, 똑똑한 학생들의 집단으로 알려져 있다.)

야생 큰까마귀는 기회를 놓치지 않는 입맛을 가졌다. 무슨 뜻
이냐 하면, 식습관이 아주 유연해서 주변에서 얻을 수 있는 음
식은 가리지 않고 다 잘 먹는다는 이야기다. 작은 설치류를 발
견하면 나무에 달린 산딸기나 열매를 따 먹듯 아무렇지도 않게
한 끼 식사로 삼는다. 큰까마귀들이 숨겨둔 먹이를 서로 훔쳐
먹기도 한다는 점을 감안하면, 그들이 먹이를 완벽하게 숨길 장
소를 찾기 위해 평소보다 훨씬 멀리 날아가기도 한다는 사실은
별로 놀라운 일이 아니다.

큰까마귀들은 소중한 간식을 훔쳐 먹기 위해 서로 감시할 뿐

만 아니라 음식을 숨긴 것처럼 보이는 가짜 장소를 만드는 교묘한 속임수를 쓰기도 한다. 유인용 음식 보관 장소가 먹히는 이유는 큰까마귀들의 기억력이 엄청나게 좋아서 음식을 숨긴 장소를 쉽게 바꿀 수 있기 때문이기도 하다.

사회성에 관해 말하자면 큰까마귀들은 플라밍고나 거위처럼 다른 까마귀들과 무리를 지어 생활하지 않는다. 오히려 영역에 매우 민감한 이 새들은 자기 영역의 한정된 먹잇감을 건드릴 위험이 있는 다른 새들에게 매우 적대적인 태도를 보이는데, 알이 위협받을 수 있는 상황에서는 특히 더 그렇다.

놀라운 점이 있다면, 큰까마귀들이 다른 야생 동물들과는 협력하기도 한다는 것이다. 협력 동물 중에는 늑대와 도마뱀이 있다.

큰까마귀와 늑대

1990년대에 옐로스톤 국립 공원에 늑대들을 다시 들여오면서 연구원들은 큰까마귀들이 늑대가 사냥한 짐승의 3분의 1을 먹어치운다는 사실을 관찰하게 됐다. 그런데도 늑대들은 까마귀들을 공격하거나 사냥한 먹이를 숨기기는커녕 이 교활한 새와 연합하는 모습을 보였다. 큰까마귀가 다치거나 연약한 동물을 보면 큰 소리를 내어 늑대를 그쪽으로 이끄는 모습도 관찰됐다.

왜 까마귀는 늑대를 돕는 걸까? 그래야 자신들에게도 이익이기 때문이다! 큰까마귀는 늑대를 다음 사냥감으로 이끌어줄 뿐만 아니라 이미 죽은 짐승의 위치도 알려준다. 부리만 가지고는 혼자 힘으로 죽은 짐승을 먹을 수 없는 까마귀들은 늑대들이 뼈와 살을 해체해주길 기다린다. 자기 이익을 위해 늑대를 돕는 까마귀의 행동은 충분히 이해되지만, 놀라운 점은 큰까마귀가

엘크(말코손바닥사슴)의 사체처럼 덩어리가 큰 먹잇감을 발견
하면 다 함께 먹을 수 있도록 다른 큰까마귀들을 불러 모은다는
거다.

큰까마귀들이 동료 까마귀들을 거의 돕지 않는다는 점을 감안
할 때(서로의 음식을 훔쳐 먹기 바쁘다는 이야기를 기억하시리
라) 이런 동맹은 좀 의아한 행동으로 보일 수도 있지만, 어쨌든
그 덕에 새들은 음식이 귀할 때 서로 의지하며 살아갈 수 있다.

큰까마귀와 우로매스틱스 이집티아

염려 마시길, 잘못 쓴 게 아니다. 다른 말로는 이집트 가시꼬리
도마뱀, 학명은 우로마스틱스 아이깁티아Uromastiyx Aegyptia, 영어
명칭은 매스티규어Mastigure인 이들은 이스라엘의 건조한 아라바
계곡에서 볼 수 있는 도마뱀이다. 이 도마뱀 근처에 서식하는 갈

색목큰까마귀는 매에게서 흔히 발견되는 사냥 습성을 보여주는데, 바로 협동 사냥이다. 협동 사냥은 단독 사냥보다 성공률이 높고 갈색목큰까마귀는 이를 제대로 활용하는 법을 알고 있다.

도마뱀이 자신의 마지막 시간이 다가오고 있다는 것을 알지 못한 채 굴에서 기어 나오면 갈색목큰까마귀는 그 순간을 놓치지 않는다. 엄청 빠른 속도로 두 마리가 날아와 도마뱀의 굴 입구를 막는다. 도마뱀이 살기 위해 지하로 도망칠 퇴로를 차단하는 것이다. 그러면 나머지 까마귀들이 완전히 노출된 도마뱀을 급습해서 죽을 때까지 쫀다. 그렇게 까마귀 떼의 점심 식사가 마련된다.

갈색목큰까마귀들의 이런 사냥 방식은 최근 들어 아라바 계곡의 두 지역에서만 관찰된 것으로, 과학자들은 이 까마귀들이 서로에게서 이 방식을 배웠거나 몇몇 특정한 까마귀들이 새끼들에게 협동해서 사냥하는 법을 가르친 것이라 믿고 있다. 어느 쪽이 됐든 우로매스틱스 이집티아 도마뱀이 조상들은 한 번도 겪지 않은 위험에 직면한 것만은 확실하다.

창꼬리무희새

이 세상에서 바람잡이_{wingman}라는 단어에 가장 충실한 존재를 꼽으라면 열대 라틴아메리카 지역에 서식하는 수컷 창꼬리무희새_{Lance-Tailed Manakin}라고 나는 자신 있게 말할 수 있다. 이 새는 동물의 왕국에서 협동 구애라 불리는 흔치 않은 번식 전략을 쓰는 몇 안 되는 종 중 하나다. 이 조류의 수컷들은 암컷이 자기들 중 하나를 짝으로 선택하도록 설득하기 위해 함께 작업에 나선다. 만약 이들의 이런 행위가 친구들과 함께 출동한 금요일 밤을 떠올리게 했다면, 빙고!

리더와 바람잡이로 조를 이룬 수컷 창꼬리무희새들은 함께 구애의 춤을 추는데, 위로 날았다 아래로 날았다 하기도 하고 하나가 다른 하나의 등을 짚고 뛰어넘는 동작을 선보이기도 하며 암컷의 환심을 사려고 노력한다. 그러다가 막판엔 바람잡이가 날아가고 남은 수컷은 암컷이 곁을 줄 때까지 혼자 남아 춤을 이어간다.

수컷 창꼬리무희새 협동 구애 습성의 놀라운 점은 다른 파트너로 갈아탈 때까지 몇 년씩이나 한 팀으로 함께 일한다는 부분이다. 그렇다면 왜 이들은 한 팀이 되어 구애의 춤을 추는 걸까? 다음 두 가지가 가장 지배적인 이론이다.

1. 새 한 마리의 소리보다는 팀을 이룬 새 소리가 더 커서 암컷의 관심을 끌기 더 쉽다.

2. 리더가 짝을 찾는 것을 돕고 나면 가까운 미래에 바람잡이도 짝을 찾을 가능성이 높아진다.

협동 구애가 모두에게 좋은 방법은 아닐지 모르지만 좋은 친구가 곁에 있으면 더 많은 걸 성취할 수 있다는 걸 보여주는 사례이기는 하다.

우리는 모두 함께

기본으로 돌아가자. 큰까마귀는 어려운 상황을 만날 때 협동하는 습성을 보여주고, 창꼬리무희새는 팀을 이루어 짝을 찾는다. 이 두 종은 자신의 목표를 추구하기 위해 다른 이들을 불러들인다. 이들은 협동하면 에너지를 덜 소모해도 될 뿐만 아니라 장기적으로 이익이 된다는 걸 알고 있다.

요즘 우리 문화는 '전력투구'나 '자수성가'에 관한 메시지가 넘쳐난다. 하지만 이런 용어에 얼마나 다양한 의미가 있는지, 또 오해의 소지가 다분하다는 사실은 너무 쉽게 간과하는 경향이 있다. 두 용어 모두 목표를 향해 혼자서 죽자고 노력해야 한다는 뜻을 암시한다. 하지만 현실적으로 성공한 기업가, 리더, 그리고 창의적인 인물들은 다른 이들이 조언해주고 이끌어준 덕분에, 그리고 무엇보다 그들이 스스로 조언을 찾아 나섰기 때문에 탄생할 수 있었다.

조류든 인간이든 협동한다는 건, 필요할 때 도움을 청하고 누군가가 도움을 구할 때 손을 내민다는 의미다. 도움을 구한다고 절대 약한 사람이 되는 게 아니다. 오히려 더 강해지고 최종 목표를 향해 더 가까이 다가설 수 있다. 그래서 인간관계를 살찌우고, 목표 지점으로 이끌어줄 수 있는 멘토를 찾는 일이 중요하다. 특히 일터에서는 신뢰할 수 있고 필요할 때 도움을 청할 수 있는 동료를 찾는 게 중요하다. 도움을 구하는 법을 아는 것이 직장에서의 성패를 좌우한다. 리더의 위치까지 오르길 원한다면 특히 더 그렇다.

소개팅에 나갈 준비를 하든, 승진을 어떻게 따내야 할지 고민하든, 목표 성취를 위한 첫 번째 발걸음은 도움이 필요하다는 것을 인정하고 그 사실이 전혀 이상한 것이 아니라는 걸 인지하는 거다. 자연계의 가장 사회적 동물 중 하나인 인류는 팀워크, 서로를 위해 함께 일하는 것을 기반으로 번영해왔다.

센스쟁이 새에게서 배우는 지혜

뭉쳐야 성공합니다!

코끼리

코끼리는 지구상에서
가장 큰 육지 포유류로 유명하지만,
맡겨만 준다면
공직도 훌륭히 수행해낼 동물이다.

아 니, 코끼리가 선거 자금 모금에 재능이 있다는 건 아니
고 (혹시 투자회사 엘레펀드Elefund를 떠올리실까 봐), 코끼리
는 우리에게 아주 놀라운 리더십을 보여줄 수 있는 동물이기 때
문이다.

모든 코끼리 가족의 가장은 암컷으로, 가장으로 선정되는 것
은 전투나 혈통을 통해서가 아니다. 가장으로 선정된 이유는 다
른 코끼리 가족 구성원들의 존중을 받기 때문이다.

그렇다면 코끼리들 사이에서 존중이란 정확히 어떤 의미일
까? 코끼리들은 오랜 세월에 걸쳐 무리를 위해 현명한 결정을
내려온 구성원에게 존중을 표한다. 무리의 가장 어린 코끼리를
돌보아왔거나 식구들이 식사를 즐길만한, 미슐랭 별이 아깝지
않은 최고의 지점을 찾아내는 재주가 있다거나 하는 식으로 말
이다.

인간 세계에서는 목소리가 제일 크거나 표를 제일 많이 받는 사람들이 리더의 자리에 오르기도 한다. 그러나 코끼리는 인간과는 달리 권력을 휘두르는 것이 리더십이라 생각하지 않는다. 그들이 생각하는 리더란 구성원을 신뢰하고, 공감하며, 그들의 장기적 목표를 함께 이루어나가는 역할을 하는 자다.

암컷 가장은 가족의 일상을 만들어간다. 이를테면, 새끼 코끼리들에게 가르쳐야 할 전략과 기술을 결정해서 가족의 미래를 만들어나가는 것 등이 있다. 심지어 아주 일상적인 일인 먹잇감 찾기도 신뢰를 기반으로 이루어진다. 만약 다른 코끼리가 그날 가장이 정한 식사 장소에 동의하지 않는다면 그 코끼리는 일시적으로 무리에서 이탈했다가 다시 돌아온다. 별로 해로울 필요가 없는 일처럼 들리지만, 너무 자주 무리에서 이탈하다 보면 다른 동물의 만만한 먹잇감이 될 수도 있고 그보다 더 심각하게는 가족과 영영 결별하게 될 수도 있다.

코끼리 가족의 암컷 가장은 경험을 통한 지혜를 선보이고, 다른 무엇보다도 집단의 요구 사항을 최우선으로 삼으며, 자기 자신은 완전히 버림으로써 그 자리에 이르는 것이다.

다정한 코끼리에게서 배우는 지혜

진정한 리더십은 누가 던져주는 게 아니라

스스로 일구어내는 것입니다.

아보카도나무

~~~~~~~~~

우리가 사랑하는
초록색 먹거리 중 하나인 아보카도.
어쩌다 보니 이 과일(그렇다, 과일이 맞다)은
우리 세대 전체의 아이콘으로 자리 잡았다.

아보카도는 어디에나 있다. 과카몰레처럼 토스트 위에, 휴대폰 커버 디자인에, 인스타그램 게시물에, 그리고 우리가 상상할 수 있는 샐러드라는 샐러드에는 전부 다. 이제는 껍질 아래 크리미한 내부와 영양분 가득한 과육을 뽐내는 아보카도가 우리의 영혼을 응시하고 있지 않은 세상은 더 이상 상상조차 할 수 없다. 그런데 오늘날 우리가 아보카도를 만나게 된 사연은 생존, 진화, 그리고 순전한 운이 얽힌 이야기다. 사실 우리의 다정한 이웃 아보카도는 약 12,000년 전에 이미 멸종할 운명이었다.

11,700년 전 막을 내린, 마지막 빙하기로도 알려진 홍적세 시대에는 거대 동물 무리가 지구를 배회하고 다녔다. 그중에서도 몸무게가 4톤에 육박하는 거대한 땅늘보인 메가테리움, 소형차 크기만큼 자라는 거대한 아르마딜로 글립토돈이 대표적이다.

이 시기 동안 지금의 중앙아메리카 지역에 분포했던 아보카도 나무는 바로 이 거대한 동물들 덕분에 번창할 수 있었다.

아보카도나무가 번창하기 위해선 더 많은 나무들이 뿌리내리도록 씨를 퍼뜨릴 수단이 필요했다. 나무에서 떨어진 숙성된 아보카도씨는 멀리 이동하지 못하면 건강한 아보카도나무로 자랄 수 없다. 아보카도나무가 잘 자라기 위해선 충분한 양의 햇빛이 필요한데, 이미 높이 자란 나무 바로 옆에 씨가 뿌리를 내리면 말 그대로 그 나무 그늘에 가려 햇빛을 제대로 받을 수 없기 때문이다.

그렇다면 아보카도씨는 어떤 방법을 통해 햇빛이 충분한 열린 공간으로 이동할 수 있었을까? 그 해답은 선사 시대의 거대 땅늘보 메가테리움의 똥에서 시작된다. 아보카도 열매를 통째로 삼킨 이 땅늘보는 별 힘도 안 들이고 그 씨를 배 속 소화 경로를 따라 운반했다. 이 거대한 땅늘보는 여기저기 다니며 풀을 뜯고 아보카도 열매가 달려 있던 나무보다 먼 곳에, 음, 배설한다. 아보카도씨가 들어있는 배설물을.

그러나 홍적세 시대가 막을 내리면서 이 동물들이 대부분 멸종했다. 그리고 이들이 아보카도 열매를 통째로 먹지 못하자 건강한 아보카도나무가 자랄 수 있는 곳으로 아보카도씨가 멀리 퍼져나갈 방법도 함께 사라졌다.

슬픈 음악 큐!

따라서 빙하기의 마지막과 함께 아보카도도 쓸쓸히 퇴장할 운명이었다.

그런데 우리는 어떻게 지금 엄청난 양의 아보카도를 소비하며 살게 된 걸까? 자연의 섭리에 관여해야 하는 시기가 도래할 때마다 이렇게 엄청난 실적을 올리는 이는 누구일까? 그렇다,

역시 인간이다.

메가테리움이 멸종하기 시작할 무렵, 인간들이 농업이란 것을 만지작거리기 시작했다. 현대 인류와 마찬가지로 우리 조상들도 아보카도의 부드럽고 풍부한 육질을 좋아하게 됐고, 결국 그들의 손으로 직접 심고 경작하기로 작정한 것이다! 따라서 어느 날 갑자기 아보카도씨는 더 이상 거대 동물에 의해 탁 트인 드넓은 지역으로 운반될 필요가 없어졌다. 우리 손으로 직접 심고 재배하면 됐으니까.

처음에 아보카도의 성장 환경이 바뀌었을 때는 멸종 위기에 처할 수밖에 없었지만, 인간이 그들의 운명을 새로운 방향으로 틀어주자 상황은 오히려 더 좋아졌다. '진화의 유령'이라고도 일컬어지듯 아보카도나무는 생존과 진화의 이례적 현상 그 자체다. 새로워진 외부 환경 덕분에 아보카도나무는 거대 땅늘보의 완벽한 소화 체계의 도움을 받지 않고도 빙하기보다 오래 살아남을 수 있었다.

아보카도나무처럼 우리도 우리 환경에 따라 번영할 수도 있고 그러지 못할 수도 있다. 당신은 본인의 목표를 전적으로 지지해주는 사람들에게 둘러싸여 있을 수도 있고, 당신의 존재 여부조차 모르는 사람들에게 둘러싸여 살아가고 있을 수도 있다. 어느 쪽이든 이 사람들은 당신의 기분과 미래에 상당한 영향을 끼친다. 자기 돌봄이란 내가 꿈꾸는 미래를 향해 나아갈 수 있도록 동기를 부여하는 상황을 찾는 것이다. 따라서 자기 돌봄은 어떤 사람들로 내 주변을 채울지 다시 생각해본다는 의미이기도 하다.

신체를 단련하겠다는 목표를 세웠다면? 패스트푸드로 연명하지 않는 친구들로 새로운 그룹을 만들 때가 됐는지도 모른다.

자기 돌봄이란
내가 꿈꾸는 미래를 향해 나아갈 수 있도록
동기를 부여하는 상황을 찾는 것이다.
따라서 자기 돌봄은
어떤 사람들로 내 주변을 채울지
다시 생각해본다는 의미이기도 하다.

커리어를 바꾸는 걸 고려하고 있다면? 동기를 부여하는 환경을 찾으려면 다른 도시로 이사하는 것만큼 큰 결심이 필요할 수도 있지만, 신산업 전문직 종사자들과 가까이 지내보는 간단한 시도로도 가능하다. 어느 쪽이든 변화를 위해선 환경을 어느 정도 이상은 바꿀 수 있어야 한다.

옷을 갈아입거나 어떤 공간에서 벗어나는 것만으로도 기분이 완전히 바뀌는 경험을 한 번도 해보지 못한 사람은 없으리라 생각한다. 그런 현상이 더 크게, 더 영향력 있는 규모로 일어난다고 상상해보라! 자기 돌봄이란 먼저 환경을 바꿀 필요성을 인식하고 그다음에 그 변화를 포용하는 것이다.

매력적인 아보카도에게서 배우는 지혜

환경의 변화를 통해

당신은 성공을 향해 나아갈 수도,

멸종을 향해 나아갈 수도 있습니다.

그대의 자연을 사랑하라

진정한 자기 돌봄은 우리의 삶을 개선하고픈 마음에서 시작된다. 이런 자기 개선은 때로는 자연스럽게 이루어지기도 하고 때로는 엄청나게 힘겨운 과정이 수반되기도 한다. 기억해야 할 사실 한 가지는, 우리는 저마다 각기 다 다른 존재라는 것이다. 우리의 강점과 약점을 이해하고 자신에게 꼭 필요한 것에 도전하는 일에서부터 출발하면 된다.

나와 이 여정을 함께 해주신 것에 감사드린다. 딱총새우를 삶의 새로운 마스코트로 선정했든 정원에 아보카도나무를 위한 성지를 마련했든, 이 책에서 무언가를 취하기로 결심했다면 스스로 본인의 육체적, 정서적, 정신적 건강을 더 잘 이해하려는 기회를 주었다는 사실을 자랑스럽게 생각해도 된다. 어쩌면 기생충에 대해선 내가 여러분이 알고 싶지 않을 사실까지 너무 과하게 이야기했는지도 모르겠다. 나는 다만, 우리가 자연의 리듬과 우리를 둘러싼 신기한 생명체들에게 더 주의를 기울여 우리의 기본으로 돌아가는 법을 배우길 소망할 뿐이다. 왜냐? 어쨌거나 우리 인간의 힘만으로는 해답을 알 수 없기 때문이다. 사실 해답 근처에 가기도 어렵다. 자연을 본보기 삼아 따라간다면 우리의 기본으로 돌아갈 수 있다.

건강과 웰빙은 우리에게서 시작되고 끝나는 것이 아니다. 지구를 향한 우리의 시선을 따라 멀리 뻗어나간다. 이 책에서 다룬 생명체 중에 많은 수가 현재 '멸종위기종 동식물 목록'에 올라 있다. 지구 전체에서는 대략 양서류의 33퍼센트, 영장류의 50퍼센트, 그리고 식물의 68퍼센트가 멸종 위기에 처해 있다. 지구가 위기에 처한 데는 해양 산성화, 지구 온난화, 삼림 파괴 같은 인간 활동에 유발된 것도 있어 비난을 면하기 어렵다. 지구의 위기는 우리 모두의 문제고 자기 돌봄은 단독 행동일 수

지구 전체에서
양서류의 33퍼센트,
영장류의 50퍼센트,
그리고 식물의 68퍼센트가
멸종 위기에 처해 있다.

없다. 자기 돌봄에는 지구와 그곳에 사는 종들의 안위가 포함돼
야 한다. 우리가 지구를 보호하지 않으면 우리의 지구 역시 번
아웃에 시달릴 수밖에 없다.

자기 개선과 마찬가지로 환경을 돌보는 일은 의식하는 것에
서부터 시작된다. 이는 우리를 둘러싼 세상에 대한 의식이다.
그러기 위해서 지구와 우리를 돌보기 위한 간단한 몇 가지 방법
을 제시하고자 한다.

플러그 뽑고 전구 갈기

전기 기구를 사용하지 않을 때는 플러그를 뽑는다. 전원을 꺼놓
아도 플러그가 꽂혀 있으면 가전제품(TV, 토스터, 노트북 컴퓨
터 등등)은 계속 전기를 소모한다! 구식 백열전구를 빼서 LED
나 소형 형광등으로 갈아 끼운다. 에너지 절약형 전구는 지구에

도 이롭고 더 오래 가기 때문에 돈도 절약할 수 있다. 미국 환경보호국에 따르면 미국의 모든 집에서 백열전구를 한 개씩만 교체해도 3,000만 가구에 공급할 수 있는 전력을 절약할 수 있다고 한다. 아, 그리고 예전 전구는 잊지 말고 재활용하시길!

육류 소비 줄이기

인간이 소비하는 1칼로리를 소고기로 생산하려면 옥수수로 같은 칼로리를 생산할 때의 약 25배의 에너지가 들어간다. 당장 채식주의자가 되겠다고 선언하자는 게 아니다. 그저 일주일에 딱 하루만 고기를 포기하는 것으로 시작해보라고 권하고 싶다. 그것만으로도 건강과 환경에 줄 수 있는 혜택이 엄청나다. 이렇게 두 배가 되는 자기 돌봄!

의미 있는 소비

지구의 미래를 위한 열쇠는 소비를 줄이는 것이다. 연료 소비를 줄이고, 포장을 줄이고, 쓰레기를 줄이는 것. 가능할 땐 중고 상점에서 물건을 사고, 장을 보러 갈 땐 재활용 가능한 장바구니를 챙기고, 전반적인 탄소발자국을 줄이기 위해 곡류나 기타 음식을 살 땐 큰 단위로 구입한다. 그러면 덤으로 자기 돌봄 마사지를 받을 수 있는 돈도 절약할 수 있다. 혹하지 않는가? 따뜻하게 데운 돌로 하는 마사지라면?

자연 돌보기

스스로에게 자연의 베스트 프렌드가 될 기회를 준다. 덜어내는 것이 오히려 보탬이 되도록, 탄소 발자국을 줄이는 창의적인 방법을 찾아내도록 오랜 습관 바꾸기에 도전해보자. 플라스틱 빨대를 사용하지 않겠노라 결심하고 오염 물질을 배출하는 산업체를 보이콧하는 건 당연히 기분 좋은 일이다. 하지만 그런 것들이 유일한 방법은 아니다. 좋은 영향을 주는 방법은 정말 많다. 작은 것부터 시작하자. 세상을 구원하기보다는 내가 속한 지역 사회를 바꾸는 데 집중한다. 우리 집 근처에 집중하고 지역 사회 안에서 많은 걸 해결할 수 있다면 모두가 다 함께 잘 살아가는 데 보탬이 된다.

전통적인 사파리와 달리 자기 돌봄 사파리에 시작점은 있어도 끝은 없길 바란다. 스스로 돌보고 우리가 직면하는 모든 생태계 안에서 자기 돌봄을 연습해보자. 직장에서, 친구들과 가족 사이에서, 그리고 특히, 어디든 당신이 집이라 부르며 가꾸어나가는 그곳에서.

기이하고, 놀랍고, 영감이 충만한
우리의 행성에서 배우는 지혜

자연 돌보기는 우리 모두를 위한 자기 돌봄입니다.

작은 생물에게서 인생을 배운다

1판 1쇄 발행 2022년 10월 28일 | **1판 2쇄 발행** 2023년 5월 15일

지은이 래니 샤
옮긴이 김현수
감수 최재천

발행인 신수경
책임편집 신수경 | **디자인** 디자인 봄에 | **마케팅** 용상철
종이 아이피피 | **인쇄·제작** 도담프린팅
발행처 드림셀러
출판등록 2021년 6월 2일(제2021-000048호)
주소 서울 관악구 남부순환로 1808, 615호 (우편번호 08787)
전화 02-878-6661 | **팩스** 0303-3444-6665
이메일 dreamseller73@naver.com | **인스타그램** dreamseller_book
블로그 blog.naver.com/dreamseller73

ISBN 979-11-976766-7-3 (03190)

※ **드림셀러는 당신의 꿈을 응원합니다.**
　드림셀러는 여러분의 원고 투고와 책에 대한 아이디어를 기다립니다.
　주저하지 마시고 언제든지 이메일(dreamseller73@naver.com)로 보내주세요.